AF282588

Günter von Hummel

Mehrwert, Mehrlust und Mehrsein

Marx, Lacan, Adonis und ich – Eine wissenschaftlich begründete Selbstpraxis

Das Umschlagsbild zeigt außer den wohl schon bekannten Personen (Marx und Lacan) eine Bronzestatuette vom Nationalmuseum in Beirut aus der Zeit um 1500 v. Chr. Sie stellt einen ‚vergöttlichten Herrscher' namens Reshek aus Byblos dar, sozusagen eine der frühesten Vaterfiguren, die so ganz anders ist als die beiden intellektuellen Denker aus der heutigen Zeit. Er ist eher ein Adonis, dessen Kult dort, im vorderen Orient, blühte. Reshek hat feminine Züge, und passt so gut in die Zeit psychologischer Diskussionen um das Verhältnis von Mann und Frau, für das Lacan, und das von Herrscher und Beherrschten, für das Marx zuständig ist.

© 2022, Günter von Hummel
Herstellung und Verlag: BoD - Books on Demand
Norderstedt
ISBN 9783756224319
Lektorat: R. J. Osler

Inhaltsverzeichnis

1. Anspruch und Begehren

In seinem XXI. Seminar beschreibet der französische Psychoanalytiker J. Lacan, dass das sogenannte Reale und das Genießen, die ‚Jouissance‘, sich gegenseitig bedingen. Mit dem Realen ist nicht die Wirklichkeit, die äußerliche Realität gemeint, sondern das ‚Wirkende‘ als solches, das Substanzielle, Körperhafte. Für den Menschen bedeutet das, „dass die eigentliche Definition eines Körpers darin besteht, dass er eine ‚substance jouissante‘ ist, ein genießendes Substanzielles, ein Körpergenießen.[1] „Wieso hat das noch nie jemand behauptet? Dies ist das Einzige, abgesehen vom Mythos, das wirklich erfahrbar ist. Ein Körper genießt sich selbst, er genießt es gut oder schlecht . . .,“ sagt Lacan in dem gerade zitierten Seminar und ergänzt, dass das ganze Köperselbstgenießen nur funktioniert, wenn es in den Rahmen gestellt ist, in dem neben dem Realen auch Imaginäres und Symbolisches wirksam ist, weil nur so das menschliche Subjekt, das dem Unbewussten unterstellte Subjekt erfassbar ist.[2]

Klingt das schon zu umständlich, zu kompliziert? Das kann eigentlich nicht sein, denn in dem vorliegenden Buch wird es hauptsächlich nur um diese beiden Berei-

---

[1] Lacan, J., Seminar XXI, Vortrag vom 12. 3. 1974

[2] Das Reale, Imaginäre (unbewusst Bild-Wirkende) und das Symbolische (unbewusst Wort-Wirkende) stellen für Lacan die grundlegende Dreiheit alles Existierenden dar. Demnach gibt es außer dem Realen des Genießens auch die dem Symbolischen zugeordnete Sprechlust, und die dem Imaginären zugeordnete Schaulust.

che gehen, um das Imaginär-Reale, das Bild-Wirkende des Körpergenießens, und um das Symbolisch-Reale, das Wort-Wirkende des Sprachgenießens. Mit letzterem hat es schon der Philosoph I. Kant versucht, und er hat es recht originell gemacht, als er sich in lateinischer Sprache so ausdrückte: „Aktiv fängt die Ursache an (infit) „weil passives Anfangen als Kausalität Ursache wird (fit)".[3] Basta, fertig, aber ganz logisch ist das nicht. Es ist genauso kühn wie mit dem Körper-Genießen anzufangen ohne dies im Detail klar zu machen. Wie soll das genau vor sich gehen mit der ‚substance jouissante‘, und was soll im Falle Kants ein passives Anfangen sein? Es passiert nichts, und obwohl nichts passiert, wird die Ursache aktiv? Anscheinend hat Kant doch im Wort Ur-Sache schon die Sache präferiert (sie sozusagen ‘ge-urt’, verurtümlicht), anstatt im Wort Anfang den Fang zu präsentieren, den er für sich somit gemacht hat. Kurz: er ist in einer Art Spiegelbeziehung, ‚fit’/‚fit‘ festgefahren.

Dabei hat er doch nur – wie die Psychoanalytiker sagen würden – mit seinem ‚fit‘/‚fit‘, einem Wiederholungszwang nachgegeben, einer Verdopplungssucht. Die Sache ist trotzdem irgendwie originell, und ich werde darauf zurückkommen. Kant sagt es nicht ganz falsch, er weiß alles ganz genau – und dies gilt durchaus auch für heute noch – aber er sagt es nicht gut genug! ‚Fit‘/‚fit‘, er stottert, er rhythmisiert. Er genießt seine sprachliche Argumentation und erklärt es nicht so, dass wir es gut und unmittelbar erfahren können. Alles ist richtig ge-

---

[3] Kant, I., Kritik der reinen Vernunft, Reclam (1993) S. 499

wusst, aber nicht gelungen kommuniziert, nicht einfühlend gut vermittelt! (Es war auch schon zu Kants Zeiten so, dass die Leser über seinen Werken stöhnten). Und zudem: er hat den Sound des Wort-Wirkenden betont, es aber nur in der Spiegelung des Bild-Wirkenden ausgedrückt. Diese zwei Grund-Gegebenheiten machen den Anfang und das Wesen eines jeden Diskurses (jeder Vermittlungsart) aus, und es wird darauf ankommen, sie in eine bessere, reife, gelungenere Kombination zu bringen.

Lacan meinte, es gäbe seit jeher einen umfassenden Diskurs, also eine universelle Art Worte, Symbole, Wort-Wirkendes, Signifikanten im Zusammenhang mit Bild-Wirkendem, Ikonischem, Blicklichem zu erstellen und auszutauschen. Lacan betont jedoch wie alle Philosophen und Psychoanalytiker das Wort-Wirkende. „Die Signifikanten sind die „Materialität, das Reale der Sprache", sagt er.[4] Es handelt sich nicht um das Wort allein, sondern um das mit ihm oft verbundene Reale, das Wirkende – und damit gibt es auch einen Bezug zum Wirkenden in der Natur, zum Genießen, zum Wesen des Menschen und allem anderen, womit dann doch wieder das weniger betonte Bild-Wirkende mit hereinkommt. „Die Natur

---

[4] Er betont auch, dass der Signifikant nur in seiner Vielschichtigkeit wirkt, der einzelne Signifikant ist keiner Bedeutung fähig. Die Vielschichtigkeit weist aber auch aufs Bild-Wirkende, aufs Imaginäre hin. Gelegentlich spricht Lacan auch vom imaginären Signifikanten, es gibt also Überschneidungen. Ausführliche Erklärungen später.

liefert Signifikanten", schreibt Lacan. „Noch bevor die eigentlichen Humanbeziehungen entstehen, sind gewisse Verhältnisse schon determiniert . . .Vor jeder individuellen Deduktion und noch bevor überhaupt kollektive Erfahrungen . .sich niederschlagen, gibt es etwas, das dieses Feld organisiert und die ersten *Kraftlinien* in es einschreibt . . die Funktion einer ersten Klassifizierung. Wichtig ist für uns, dass wir hier die Ebene erkennen, auf der es – noch vor jeder Formierung eines *Subjekts*, das denkt – bereits zählt, auf der gezählt wird. Wichtig ist, dass in diesem Gezählten ein Zählendes schon da ist".[5]

Diese Aussage betrifft wohl speziell das mit sich selbst 'durchgegangene' und 'vorauseilende Gehirn' der Vormenschen und dann auch das der ersten Menschen, wie es der Evolutionsbiologe C. Wills erforscht hat. Sie sind von dem Bild-Wirkenden in sich selbst überflutet worden und haben so ein Wort-Wirkendes gebraucht, um sich zu stabilisieren.[6] Damit will ich gleich klarstellen, dass der Begriff ‚vorauseilendes Gehirn' nur eine Allegorie ist. Für mich ist das überflutend Psychische entscheidend, das zum Unbewussten führte. Denn der Mensch ist nicht sein Gehirn, er ist – wie es auch der Philosoph Alva Noë zeigt – sein Text, seine Textur, sein Bild-Wort-Wirkendes (der Text betrifft das Wort, die Textur das Bild)!

Das war auch die Grundlage der Philosophie Hegels: die Natur, das Gegebene, bildhaft Gesetzte war die These,

---

[5] Lacan, J., Die vier Grundbegriffe der Psychoanalyse, Walter (1980) S. 26
[6] Wills, C., Das vorauseilende Gehirn, Fischer (1996) S. 20.

die Textur, doch es musste eine Antithese geben, das Wort, das textlich Symbolisierte, um zu einem Schluss, zur Synthese zu kommen. So war für ihn das Wort (die Antithese) Mord an der Sache (These), aber letztlich muss sich etwas Gemeinsames ergeben. Genau dies ist auch das Ziel dieses Buches. In der ‚vorauseilenden Textur' waren die bedürfnisartigen Instinkte, (das bildhaft Gesetzte) verloren gegangen und haben unter der Domäne des Zählenden, Erzählenden, des Textes der Signifikanten, das geschaffen, das Lacan an den Anfang stellt: das Begehren (desir), das verlangende Wollen, die freien, menschlichen ‚Triebe' die man in Anführungszeichen setzen muss, denn mit dem Tierischen haben sie nichts mehr zu tun, aber ebenso nichts mit der Neurowissenschaft, nochmals: wir sind nicht das Gehirn!

Dabei muss man also das elementar bild-wirkende Begehren als solches von dem wort-wirkendem Begehren unterscheiden, die wohl von früh an in engstem Zusammenhang miteinander stehen. Dieses komplexere Begehren, die Freud'schen Triebe, sind nicht mehr objektiv von einem Bedürfnis gezeichnet, sondern ist Ausdruck des S u b j e k t s, des dem Unbewussten unterstellten Bild- und Wort-Wirkenden, für das die herkömmlichen Psychoanalytiker allerdings keinen Zusammenschluss (Synthese) finden.[7] Wie gesagt erfährt das Kind schon bald, dass es sein Bedürfnis, z. B. an der Brust der Mutter zu

---

[7] Sie wollen auch keinen finden, er soll sich in jeder einzelnen Analyse einstellen. Aber reicht das für mehr als die paar reichen, intellektuellen und jungen Leute, die dort hingehen?

saugen mit einem Schrei, einem Appell, einem Ruf, kurz: dem artikulierten Anspruch (dem beginnenden Wort-Wirkenden) zur Geltung bringen kann. Doch der zwischen dem vom bild-gestalt-wirkenden Bedürfnis losgerissenen Anspruch entsteht im Zwischenraum das nunmehr bild- und wort-wirkende Begehren. Der Anspruch ist beim Psychoanalytiker nämlich stets Liebesanspruch, und so hat er die Kraft vom Bedürfnis weg zum Begehren zu taumeln, wo er den erotischen, ‚phallischen' Anstrich bekommt, diese Symbolik des Sexuellen, die Freud als für den Menschen typisch herausgehoben hat.[8]

„Das Subjekt befriedigt aber nicht einfach nur ein Begehren, es genießt es zu begehren, und das ist eine wesentliche Dimension seines Genießens. Es ist vollkommen irrig, diese ursprüngliche Gegebenheit zu unterschlagen, . . .".[9] Das elementar bild-wirkende Begehren gelangt in die zweite Dimension, mathematisch: zweite Potenz, als vom wort-wirkenden Begehren übertrumpft. Ich werde mich im Folgenden auf diese Zusammenhänge berufen, denn so wird das eingangs erwähnte Körpergenießen in seinem Bezug zum Begehren erklärt. Ich verstehe es so, dass das Begehren nach dem Begehren zu genießen, nicht eine Erklärung vom Bedürfnis und dem Liebesanspruch erfahren muss, sondern eine Zurückführung nach dem ursprünglichen Lebens-Begehren darstellt, nach dem reinen Genießen, bezüglich dessen Lacan bestätigt,

---

[8] Ich werde diesen Sachverhalt später weiter beschreiben.
[9] Lacan, J., Seminar V, Die Bildungen des Unbewussten, Turia & Kant (2006) S. 371

dass auch die Pflanzen darüber verfügen.[10] Die Bäume, aber auch die Amöben und die Bakterien genießen, schreibt er an anderer Stelle.[11]

Natürlich weist auch der Begriff des Zählenden auf das Genießen, und zwar auf das, wo wirklich gezählt wird, das Genießen des Mathematikers zum Beispiel, wie Lacan hervorhebt. Denn der Mathematiker versucht ja möglichst präzise, möglichst haargenau dieses Signifikanten/Begehren zu definieren. Und tatsächlich, hört man nicht immer wieder, dass die Welt eigentlich mathematisch aufgebaut ist, dass man zählen muss, ob mit Zahlen oder etwas anderem ist egal. Man kann durchaus mit dem ‚Ein‘ bzw., der Eins, mit l'Un, wie Lacan sagt, anfangen, doch dann darf man nicht einfach weiterzählen mit der Kette der ersten ganzen Zahlen, die nämlich bis heute nicht empirisch klar theoretisiert sind.

Diese Eins, das erste ‚Ein‘, bleibt noch unbestimmt, weil kein wissenschaftliches Argument da ist, wie man weiter zählen soll. Die einzige Möglichkeit weiter zukommen besteht nun darin, es wie Kant zu machen, also dem Wiederholungszwang nachzugeben und ein zweites ‚Ein‘ dazu zu setzen. ‚Ein‘ und nochmals ein anderes ‚Ein‘. ‚Ein‘◆‚Ein‘, eine Art von Doppelklick, wie man ihn am Computer anwendet.[12] Es herrscht so auch wieder das

---

[10] Lacan, J., Lettres de L'Ècole freudienne, Nr. 16 (1975) S. 192

[11] Lacan, J., Seminar XXI, Vortrag vom 23. 4. 1974.

[12] Der Wiederholungszwang steht bei Freud dem von ihm so genannten Todestrieb nahe, was die Sache ziemlich pessimistisch macht. Ich werde noch zeigen, dass es auch kreative

Rhythmisierende des Genießens vor, eine Kombination des mathematisch Realen und der wort-wirkenden Sprechlust. ‚Fit'/‚fit', ‚Ein' ●‚Ein', es ist das Gleiche.

Doch steckt darin nicht auch das – ebenso unbewusste – Bild-Wirkende, das Imaginäre samt seiner Körperlust? Selbstverständlich findet es sich betont in den Signifikanten der Natur wieder, in den *Kraftlinien* und in den Zahlen, und damit nicht so sehr im Wort-Wirkenden des Sprechtriebs, sondern im Bild-Wirkenden des Schautriebs und seiner Schaulust. Denn es liegt an der bildwirkenden Spiegel-Beziehung, also den rein reflektiven Zuwendungen zwischen dem Kind und seiner Mutter, dass das Kind sich mit einem Zug von ihr identifiziert und es dieses Bild dabei stets nachjustieren muss. Die Mutter ist mächtiger und komplexer, und so wird das Kind gezwungen, irgendwann einen Halt im Wort-Wirkenden zu finden, auch wenn dies zu Beginn nur in einem Widerhall auf die mütterlichen Verlautungen besteht.

Diesen Vorgang hat schon die Psychoanalytikerin Birkstedt-Breen ausführlich beschrieben, als sie von den Widerhalleffekten sprach, die das Kleinkind bereits in den frühesten Wochen in Bezug auf das Reverie-Geplapper der Mutter macht. Doch auch dabei geht es nur um eine Echo-Beziehung, einen Echo-Diskurs, kurz: wieder nur um das ‚Ein'●‚Ein' des rhythmisierenden Genießens. Damit ist noch nicht das volle Wort-

---

Wiederholungen gibt. Das Zeichen ● steht für ‚Beziehung zueinander'.

Wirkende erreicht, und vor allem sind nicht beide, Bild-
und Wort-Wirkendes gleich gewichtet und in klaren,
gegenseitigen Zusammenhang gebracht. Und so habe ich
in der Abbildung 1 den Zusammenhang der beiden in
Form des Übergangs vom Bild- (1) zum Wortwirkenden
(2) dargestellt – jetzt wieder hinsichtlich der Mutter-
Kind-Beziehung.

Sie zeigt die anfängliche Strebung, die begehrende Intention des kindlichen Subjekts in dem nach oben und wieder nach unten gehenden Bogen in der Senkrechten, wo
sie zuerst nur durch den Punkt 1 läuft, wo sie das Bild-
Wirkende, Imaginäre kreuzt, das mit **a** gekennzeichnet
ist. Das klein geschriebene **a** bedeutet bei Lacan den
vergleichbaren anderen, wie er dem kleinkindlichen Subjekt in Form der mütterlichen Brust, aber später auch von
anderen seinesgleichen, Spiel-kameraden, Gegenständen,
kurz: dem ‚ich / anderen‘, dem **a / a'**, in reiner Spiegelbeziehung, begegnet.

Dementsprechend fällt
das Resultat der Bo-
genbewegung links
unten als bildlich idea-
lisiert aus, was Freud
Ideal-Ich bzw. das Ich-
Ideal nannte.

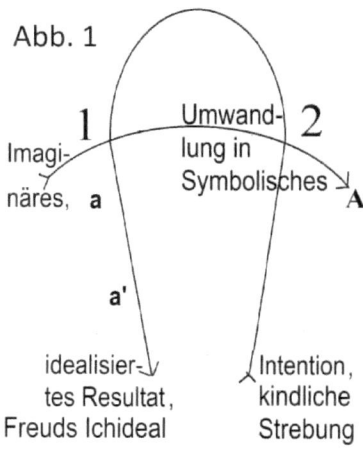

Abb. 1

Umwand-
lung in
Symbolisches

Imagi-
näres, **a**

a'

idealisier-
tes Resultat,
Freuds Ichideal

Intention,
kindliche
Strebung

So lässt sich zeigen,
dass das erste Auftau-
chen des Begehrens
vom Bild-Wirkenden,

von den *Kraftlinien* her zu sehen ist, also von dem senkrecht auf- und dann absteigenden Bogen der Abb. 1, auch wenn es – in einer parallelen Aktion – sozusagen fast gleichzeitig mit dem Wort-Wirkenden, dem horizontalen Bogen, konfrontiert ist. Dort greift das Wort-Wirkende zu, indem die gekreuzte Intention von 1 nach 2 weitergeht und so das Bild-Wirkende ins Wort-Wirkende umgewandelt ist und im bedeutenden und nunmehr also dem unbewusst Wort-Wirkenden zugehörigen groß zu schreibenden *Anderen,* **A** endet. Der Lacansche *Andere* hat sich im Unbewussten nicht nur durch Verinnerlichung der Reverie-Laute der Mutter, sondern auch durch die Stimme bedeutender Anderer (Eltern, frühe Bezugspersonen, Lehrer, Großväter, etc.), gebildet, und stellt so den primär verbalen Signifikanten (simpel und kurz: Wesen oder Geist des Wortes dar.

Darin wird das eine ‚Ein‘ bei 1 sichtbar und das andere ‚Ein‘ bei 2, aber indem es nun nicht mehr um eine einfache Zahlenreihe wechselnder anderer (**a** / **a'**, wozu ja auch das wechselnde Mutterbild gehört) geht, sondern um einen ans Wort-Wirkende gebundene Mathematik, kommt ein ausdrückliches Sprechen zustande. So repräsentierte für Lacan eine Eins eine Null für eine andere Eins, indem in der Psychoanalyse der Patient die eine ‚Ein(s)‘ darstellt, die eine Unkenntnis, Unbestimmtheit, Unbekanntheit, also eine Null für den gegenübersitzenden Therapeuten als der anderen ‚Ein(s)‘ ist (und umgekehrt freilich genauso). Beide wissen nichts voneinander, sie müssen sich erst an das Beziehungsverhältnis sprechend heran tasten, es differenzierend, fast stotternd verbalisieren, um eine klare Bestimmtheit zu erreichen.

Das ‚fit', ‚fit', das ‚Ein'•‚Ein', vermittelt also anfänglich eher ein Bild als ein Wort. Auch die zwei in der Psychoanalyse zusammen sitzenden Personen, die sich nicht ansehen, sind ein Paradebeispiel dafür, dass das Blickliche, Imaginäre, Bild-Wirkende das Primäre ist. Sie vermeiden den Blick, um sich in die letzten Buchstaben der Worte hinein flüchten zu können und nicht miteinander verschmelzen zu müssen.[13] Die verschmelzenden Blicke würden sie nicht aushalten, aber sie sind das Primäre, das autochthone Körpergenießen. Erst wenn das herantastende Sprechen Entscheidendes zu Tage fördert, wird die Beziehung zu A reifer, bewusster. Es ist nicht einfach zu sagen, um was genau es geht, doch ich will es in diesem Buch versuchen, es als eine von jedem Einzelnen zu erübende Praxis zu vermitteln, die zu viel Theorie vermeidet.

Bevor ich der Abbildung 1 weitere Erklärungen hinzufüge, kurz unten noch ein Schema der vergleichbaren verwendeten und noch zu verwendenden Begriffe zum Verständnis des Ganzen, das sicher nicht ganz leicht wird.

Bild-Wirkendes   S/   Wort-Wirkendes
imagin Signifikant   E/   verbal. Signifikant
   Es *Strahlt*   L/   Es *Spricht*
   Körperlust   A/E/R   Entäußerungslust

---

[13] Der Therapeut sitzt abgewandt hinter dem Patienten. Es soll keinen Blickkontakt geben. Der primäre, unverstellte Blick hat etwas Verschmelzendes an sich. Mehr dazu im Kapitel 3.

Doch so zusammengefasst zeigt es nochmals links das Bild-Wirkende, rechts das Wort-Wirkende und den Zusammenhalt aller drei mit Hilfe des Realen. Ich will jedoch – erneut gesagt – ein speziell vom Bild-Wirkenden, von der Textur, vom Imaginären heraus entwickeltes Verfahren begründen. Dazu passte ein Vorschlag Lacans, wie man dieses Hin und Her, die sich kreuzenden ‚Ein‘, noch anschaulicher erklären kann, als durch das herkömmliche psychoanalytische Vorgehen. Es handelt sich um die ‚projektive Geometrie‘, wie sie beispielsweise vom Mathematiker G. Desargues entwickelt wurde. Die übliche geometrische Perspektive, die vom Auge und dem Sehzentrum im Gehirn bzw. im bewussten Seelenleben gestaltet wird, ist nämlich nur der eine Teil des visuellen Wahrnehmungsvorgangs, nur die eine Ecke, nämlich die des normalen Sehens.

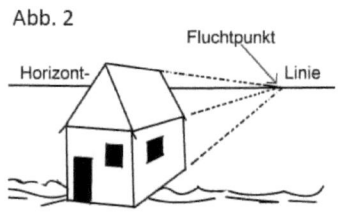

Abb. 2

Fluchtpunkt

Horizont-   Linie

In diesem Sehen gibt es bekanntlich eine Horizontlinie, auf der – besonders in Gemälden und Fotographien deutlicher sichtbar – der Fluchtpunkt, der Anpeilungspunkt, des Sehenden markiert ist. Das Haus in der Abbildung 2 hat durch diese Projektion schräge Wände. Die andere (jetzt projektiv genannte) Ecke des Visuellen, besteht aus den, dem menschlichen Subjekt eigenen unbewussten Blicken, ein Blicken, in dem nicht Auge und Gehirn gestaltend vorherrschen, sondern das Unbewusste mit seiner ‚organisierten Perspektive‘ verwendet wird, wie sie eben durch die ‚projektive Geometrie' und deren Einbettung in die Einstein'sche Raumzeit-Krümmung erklärt wird. In dieser Geometrie liegt der Fluchtpunkt im Unendlichen.

In der also projektiv organisierten Perspektive spielt das für die Psychoanalyse entscheidende Unbewusste in Form des sogenannten Phantasmas (unbewusster Phantasie) eine wesentliche Rolle. Es handelt sich nicht um die üblich bewusste Phantasie, sondern um einen unbewussten Vorgang, der aber konkret strukturierend für das Bild-(und Blick-)Wirkende ist, weil es eben den Gesetzen der projektiven Geometrie gehorcht, die auch den Traum beherrscht. So sind Traumbilder immer irgendwie im Raum gekrümmt oder eingerollt, sie haben keinen Horizont, der das Sehen bewusster machen würde. Daher existiert auch kein klassischer Fluchtpunkt, sondern ein – wie man sagt – Subjektpunkt, der irgendwo im Bild zu finden wäre, der die Verschmelzung sucht, die aber auch Angst macht. Man hat keine Methode dafür, das Sehen in seiner Gänze ideal, perfekt und total zu machen.

Doch mit der projektiven Geometrie alleine konnte ich meinen Plan, dem unbewusst Bild-Wirkenden zu großem Glanz zu verhelfen, nicht gänzlich reüssieren. Schließlich hätte ich ja davon ausgehen müssen, dass die Spiegelbeziehung, die Selbstspiegelung, das ‚Urbilds des Ichs' wie es auch im primären Narzissmus vorliegt, in direkter Weise zu immer höheren, plastischeren Imaginär-Realem führen würde. Ich hätte dieses frühe Ich nur mit immer wieder kurzfristigen, halbfertigen Objekten, wie dem der frühen Mutter, dem des kleinen **a** oder wenigstens dem einer Art von Luzidität zur Selbsterfahrung und Wahrheitsspiegelung bringen müssen. Ich hätte eine Selbst-Sublimierung (Selbst-Verfeinerung, -Vergeistigung) höchsten Ausmaßes beschreiben müssen, doch dazu fiel mir nichts ein. Zu sehr allein nur im Ich sublimiert, transzendiert sein, führt zum Wahnsinn.

So beschloss ich – noch während meiner psychoanalytischen Ausbildung – eine Meditationsgruppe zu besuchen, in der ja das Bild-Wirkende betont wird, und von der ich einige Besucher kannte, und die erfolgversprechend schien. Und tatsächlich, viel besser und elementarer, unmittelbarer und beeindruckender konnte ich bei der dort erlernten Meditation – ausreichend sublimiert – in mein Unbewusstes ,schauen', wenn ich das einmal so unwissenschaftlich ausdrücken darf. Natürlich wusste ich, dass mein gutes Ergebnis einerseits mit der in der Psychoanalyse als zentralem Angelpunkt herausgestellten sogenannten ,positiven Übertragung' zu tun hatte. In der Psychoanalyse ,überträgt' der Patient auf den Therapeuten Bedeutungen aus früheren und anderen Beziehungen, deren Inadäquatheit – weil ja nicht wirklich auf ihn bezogen – dieser nutzen kann, um Deutungen unbewusster Vorgänge beim Patienten anzubringen. Und so schwärmt, so steigert man sich gefühlsmäßig daran hoch, indem man dem Therapeuten – aber jetzt auch dem Meditationslehrer – Wissen oder Fähigkeiten unterstellt, die dieser, genauso wie die – wenn auch überlegene – Mutter dem Kind gegenüber gar nicht in dem Maße oder der Präzision besitzt. Damit erfuhr ich mich in den Meditationen im Laufe der Zeit von einem ungeklärten, wissenschaftlich nicht gesicherten, also eher ideologischen Hintergrund beunruhigt.

Dank des Studium der Lacanschen Seminare kam ich jedoch auf eine Idee, wie ich die – wenn auch eben nicht gänzlich beruhigenden – so doch erstaunlich positiven Ergebnisse der Meditation mit dem wissenschaftlichen Oeuvre der Psychoanalyse in Einklang bringen könnte. In der Meditation wurden nämlich Sanskrit-Worte verwandt, die weder Sinn noch Bedeutung hatten. Doch exakt darin liegt das Wesen der Signifikanten, des unbewusst Wort-Wirkenden. Ohne jetzt hier groß auf die Theorie der Signifikanten aus der Linguistik einzugehen,  ist klar, dass besonders der stumme, tote Signifikant, die Null zwischen den zwei ‚Ein(s)en‘, die Leere zwischen den Zeilen, die eklatanteste Wirkung hat. Lässt man mehrere solcher Signifikanten auf sich einwirken, bringt das Unbewusste – und das ist ja der gleiche Mechanismus wie in der Psychoanalyse – eine Antwort heraus. Ich gehe auf diese Dinge noch reichlich ein, vorerst nur noch der Hinweis, wie ich die ja durch keine Wissenschaft zu begründenden Sanskrit-Worte in solche der Lacanschen Psycho-Linguistik verwandeln konnte.

Ich brachte sie in klare Worte, Sprüche, Kurzsätze der lateinischen Sprache, die die unterschiedlichsten Bedeutungen hatten, sich jedoch so überlappten, dass keine einzelne dieser Bedeutungen – jetzt in einer einzigen

Formulierung aufgeschrieben – zum Zug kommen konnte. Leere, tote Signifikanten also. Denn liest man diese Formulierung stets von einem anderen Buchstaben aus, kommt zwar immer eine (andere) der genannten Bedeutungen heraus, meditiert man diese Formulierung aber als Ganzes, kann man sich wie bei den Signifikanten der Sanskritworte an nichts mehr festhalten. Man muss weiter meditieren, bis nunmehr das Unbewusste – auf diese Weise provoziert – eine Antwort herausgeben muss, die in der Meditation wie ein Gedanke hörbar wird. Die Abbildung oben zeigt eine derartige Formulierung (*Formel-Wort* genannt) im Kreis geschrieben (Inhalt der einzelnen Bedeutungen zeige und erläutere ich später).

Nochmals zu den zwei Ecken, nun wieder im Bezug gesetzt und mit dem für die Psychoanalyse so wichtigen Ödipus-Komplex: Das Begehren des Kindes richtet sich wie erwähnt anfänglich auf die Mutter, es bleibt aber ein Spiegelvorgang (**a** / **a'**), der durch die Übermacht der Mutter gefestigt, aber auch verkompliziert wird. Das Kind muss seine Intentionen in stets neue Spiegelungsvorgänge einbringen, bis es – jetzt krass ausgedrückt – so frustriert ist, dass sich bei ihm statt des befriedigenden Objekts ein Zeichen, ein Signifikant der Mutter einstellt, ein erstes Wort-Wirkendes. Jetzt kann es Mama sagen, was mehr wert ist als die wechselnde Realität. Schließlich werden weiter Worte die Beziehung klären und bereichern.

Aber es gibt für den Psychoanalytiker noch eine zweite Beziehungsebene zwischen Kind und Mutter, nämlich die, durch die das Geschlechtliche hereinkommt, die aber auch betont an dem Vorgang des Übergangs zum Symbolischen, zum Wort-Wirkenden mitbeteiligt ist. Es geht um den Vater, dessen Geschlechtlichkeit ihren Platz bei der Mutter hat, die aber eine Ausstrahlung auch auf die Kinder besitzt. Laut Freud treten im Ödipuskomplex der Knabe und das Mädchen in die gleiche ‚phallische‘ Phase ein. Es handelt sich nicht um irgendein ‚Phallisches‘, sondern um das speziell vom Vater her insinuierte Symbol des Begehrens, von Lacan gerne mit Φ (griechisch Phi) bezeichnet. Ich erkläre dies immer gerne mit dem Lingam der Inder, das nicht den Phallus als solchen repräsentiert, wie es die englischen Besatzer glaubten. Es zeigt nicht den Phallus von jedermann, sondern den eines Auserwählten, den eines Gottes – und das heißt nichts anders, als den eines Signifikanten. Der imaginäre Phallus (z. B. Lingam) ist von Ecke 1 zu Ecke 2 gerutscht und dort symbolisch Φ geworden.

Das ist etwas anderes, und nur so vermittelt er beim Knaben eine Rivalitätssituation zum Vater, beim Mädchen dagegen eine Ausgleichsfunktion gegenüber der Mutter.[14] Das männliche Kind muss erfahren, dass der Vater als Rivale ihm die Mutter verbieten wird, und wenn dies wirklich klappt, wird das Kind aus dem Ödi-

---

[14] Lacans Φ steht für den schon bei Freud im Zentrum des Trieb-Struktur-Konzeptes stehenden ‚symbolischen Phallus‘. Was ein symbolischer Phallus ist, ist jedoch für manche nicht leicht zu verstehen. Ich nenne es daher weiterhin ein Symbol für das Begehren, das libidinösen Charakter hat, nutze aber der Einfachheit und Anschaulichkeit auch das Zeichen Φ.

pus-Konflikt geheilt herauskommen und wissen, dass es eines Tages eine ihm gleichwertige Frau beglücken können wird. Analog gilt dies für das Mädchen, das genauso aus der vom Begehren gekennzeichneten Mutterbeziehung herauskommend einen Umweg über die Identifikation mit dem Vater und dessen Φ eingehen muss (ich werde einmal den Papa heiraten, der Papa wird mir mal ein Kind schenken, etc.), sich älter werdend aber von den Elternfiguren lösen wird, um ebenso eigene Beziehungen einzugehen.

Freud hat diese Zusammenhänge anschaulich an Hand der Psychoanalyse des ‚kleinen Hans‘, eines Wiener Jungen, beschrieben, bei dem es allerdings nicht so geklappt hat wie gerade erwähnt, denn die Eltern haben unglücklich agiert. Die Mutter war dominierend und hat den Vater wegen üblicher Ehequerelen aus dem Schlafzimmer verbannt, dafür aber den ‚kleinen Hans‘ mit ins Ehebett genommen. Der tendierte zur frühkindlichen Masturbation und redete gerne von seinem Penis und auch davon, wer diesbezüglich einen – vom Symbolwert her gesehen – größeren, aber vielleicht auch gar keinen hätte. Bei der Mutter war es ihm nicht klar, der Vater intervenierte nicht verbietend genug und entfachte kein Donnerwetter darüber, dass der ‚kleine Hans‘ im Ehebett keinen Platz hätte. Und so verstrickte sich der kleine Hans‘ im Hin und Her des ‚phallus imaginaire & symbolique‘, des Φ, und entwickelte eine schwere Phobie und Angstneurose. Durch klärende Gespräche mit Freud konnte der Vater seinem Söhnchen die wahren Bedeutungs- und Beziehungs-Verhältnisse letztlich klar ma-

chen und so eine weitgehende Besserung der Phobie
erreichen.

Trotzdem stellt Lacan oft klar, dass Φ eine Witzfigur ist,
eine Nichtigkeit, die man aber wohl nie ganz loswerden
wird, solange die Menschen irrationale Lüste (Objekte
der ‚Mehrlust') haben, Begehren und blindes Verlangen,
weil das mehrheitlich imaginäre, bild-wirkende ‚Ein(s)'
der Frau (Mutter) dem mehrheitlich symbolischen, wort-
wirken-den ‚Ein(s)' des Vaters als die entscheidenden
Eckpunkte im menschlichen Unbewussten weiter ge-
trennt existieren werden.[15] Der ‚Mehrlust', ein Ausdruck
Lacans für das stete ‚Mehr' eines zu genießenden Objektes, steht das ‚vollendete Objekt', der psychische Zustand
gelungener Reife gegenüber, wozu ich erst später genau-
eres schreiben will.

Genauso stellen die Praxis des stark Sublimierenden und
das ideologisch Theoretische in der Meditation die zwei
Ecken dar. Auch ist das Wort-Wirkende für die Verdrängung typisch (Ecke 2), für das Bild-Bick-Wirkende jedoch die psychisch-unbewusste Spaltung (Ecke 1).[16] Es

---

[15] Der Vater wird hier allerdings auch als Vermittler der im
Ödipus-Komplex geltenden Gesetzmäßigkeiten verstanden.

[16] Darunter darf man sich nicht etwas Schizophrenes vorstellen, es handelt sich vielmehr um genau das, was normal ist,
nämlich sich nicht für die perfekte ganze Eins zu halten. Schon
Goethe schrieb im Faust: ‚Zwei Seelen, wohnen, ach! in meiner Brust, die eine will sich von der anderen trennen'. Besser
jedoch sie bleiben zusammen, vorerst.

muss nunmehr etwas darüber Hinausführendes gefunden werden. Für die Theorie ist das Lacan, für die Praxis sehe ich die *Analytische Psychokatharsis* als geeignet an, die ich eben mit Lacan wissenschaftlich begründen will, obwohl es von der praktischen Seite her ganz einfach zu erklären und zu erlernen ist, was man alleine tun muss.

Aber damit vermeide ich den mythisch-mystischen Ansatz, der in allen Meditationen üblich ist (Glaube an einen Guru), und begründe die Praxis der *Analytischen Psycho-katharsis* wissenschaftlich. Würde ich nur einfach schreiben, dass man betreffend das Bild-Wirkende zuerst eine mehr meditative Übung durchführt und sich dann in einer zweiten Übung auf das mehr analytische Wort-Wirkende konzentriert, würde kaum jemand volles Vertrauen darin haben können. Das Bild-Wirkende muss in der ersten Übung eine bestimmte Konkretheit seiner Textur erreichen, die jedoch korreliert mit etwas rein F o r m a l e m des Wort-Wirkenden (die erwähnten *Formel-Worte*), was wiederum zur zweiten Übung führt, die in Form des analytischen Teils des Verfahrens durch das Erreichen von Identitäts- oder *Pass-Worten* (des letztlich wahren Textes) gekrönt wird, was ich bereits als die dem Unbewussten abgepressten Antworten bezeichnet habe. Auch dazu will ich erst später genaue Erklärungen abgeben, und weil dies alles so trocken war, jetzt eine Paraphrase zum Alten Testament.

2. Der Sündenfall

Das Symbol, der Signifikant, das Wort-Wirkende Φ, wurde bereits in der Bibel fehlgedeutet oder verdrängt. Adam und Eva hatten es schon verpatzt, als sie erkannten, dass sie nackt waren. Was hatten sie denn vorher gesehen? Eben nichts, sie waren ja auch vorher schon schamlos nackt gewesen, wie es ausdrücklich heißt, sie hatten noch den Verschmelzungsblick, und deswegen haben sie, als Gott sie zur Rede stellte, angefangen irgendwelche Ausreden zu produzieren und – schuldkomplexhaft, selbstbeschuldigend – irgendwas daher zu faseln.[17] Sie befanden sich eben noch in dem Primärzustand des ‚corps jouissante‘, des körperhaften, noch nicht so substanziellen, rein imaginären Genießens, wie es bei den ersten Menschen betonter als heute der Fall war. Sie haben nichts verdrängt, waren aber auch nicht in der gleichen Weise in sich gespalten, wie der moderne Mensch, der völlig in $ ◆ a steckt.[18] Sie koordinierten ihre Phantasmen und Handlungen noch im freien Lauf. Man muss dazu aber sagen, dass bei ihnen A, der groß zu schreibende Andere, noch weitgehend ohne Querstrich war.

Denn sie glaubten noch an den vollkommenen *Anderen*, an die potente, universell raunende Natur, das Lispeln der Blätter, an die Gesänge der Vögel, an das Flüstern des

---

[17] Genesis 2; 25

[18] Die Formel $ ◆ a bedeutet in Lacans Mathematik: Bezug des gespaltenen Subjekts zur ‚Mehrlust‘ als der Begehrens-Form des klein zu schreibenden Spiegelobjekts **a**.

Regens und das ungehemmte Liebesspiel. A war vorwiegend Bild- und Blick-Wirkendes, nur erste Verlautungen waren da. Aber nun spricht plötzlich jemand so apodiktisch, so herrisch-herrscherlich dominant, und das waren Adam und Eva nicht gewohnt. „Wo bist du, Adam"! klang es diktatorisch von irgendwoher, was beide erheblich verunsicherte, wurden damit doch ihre noch unverfrorenen Phantasmen von dieser Stimme zu dezidierten ‚Mehrlüsten', **a**, (z. B. blicklich, phallisch) umgedeutet. Das Phantasma, das stringent zu $ ◆ **a** geworden ist, kann nun unglaublich hartnäckig sein, das beweisen speziell die neurotischen Patienten von heute in der Psychoanalyse, wo sie hunderte von Stunden jeden Blödsinn, der ihnen einfällt, aussprechen müssen.

G, o, und doppelt tt (was immer diese vier Buchstaben bedeuten sollen) geht in der Manier des Herrendiskurses vor, er nutzt den Herrensignifikanten mit seinem Gebots- und Befehlscharakter und betreibt so keine Therapie mit Adam und Eva, seinen Patienten.[19] Vielmehr behandelt er sie von der Position des Über-Ichs, der Pflicht- und Verurteilungs-Ichs aus (was ein Psychoanalytiker moderner Art sich so niemals leisten dürfte). Wenn dieses primäre Φ, das so etwas wie der Gott der Psychoanalytiker ist (Freud sagt das ‚Primat' des unbewussten Begehrens), behutsam ins Spiel gebracht würde, könnte man damit das biblische Ehepaar vielleicht ein bisschen besser verstehen und erklären. Aber Gott verpflanzte Adam von vornherein

---

[19] Den Herrendiskurs hat am besten Robinson demonstriert, als er zu dem fremden Indianer sagte: ‚Ich Herr – du Freitag!'

in den Garten Eden, war traumatisch war. Eden, etymolo-
gisch aus dem Akkadischen edinu und dem sumerisch
eden = Ebene, Wüste, stammend, war wohl ein steriler,
trockener Kunstgarten, werbemethodisch zum Paradies
aufgeblasen.

Adam und Eva waren also vom Bild-Blick-Wirkenden,
Ikonischen, her erfüllt, das ich ja als den eigentlichen
Anfang der biblischen Geschichte bezeichnen möchte.
Kein ‚Es werde Licht‘, sondern luzide Blicke und das
autochthone Körpergenießen erhellten die Landschaft.
Die beiden ersten Menschen genossen ihre noch verschmelzenden, weniger ‚mehrlüsternen‘ als ‚visionären‘
Blicke, und so hatten sie keine Ahnung davon, dass sie
sich dadurch einer unguten Spaltung aussetzen könnten,
denn ein Trauma (Versetzung ins Paradies) hat es ja gegeben.[20] Aber ihnen das Wort-Wirkende, den Herrensignifikanten, als Stütze des biblischen Diskurses aufzu-
zwingen, war unfair und unlogisch (auch die Patienten
voll an das Phantasma und das Trauma heran zu bringen,
ist ungelöst).[21] Und deswegen – erneut gesagt – will ich
das Bild-Blick-Wirkende, die unbewusste Textur, zum
Ausgangspunkt machen, indem ich das Ikonische daran

---

[20] Es gibt die normale Spaltung und die traumatisch-chaoti-
sche. Auch zum Wort ‚visionär‘ später definitive Erklärungen.
[21] Hinter dem Trauma verbirgt sich, was Freud die Urver-
drängung nannte, eine erste, Trauma nahe Verdrängung bzw.
psychische Spaltung, wie sie psychoanalytisch zu eruieren
kaum erreicht wird. Etwas anderes ist das aus der ‚Urszene‘
(Blick ins elterliche Schlafzimmer) stammende, nachträglich
wirkende Trauma von Freuds üblicher Psychoanalyse.

heraushebe, um so die Geschichte des Alten Testaments ganz anders erzählen und auch die Psychoanalyse bereichern zu können.

Den Begriff des Ikons hat der Philosoph C. S. Pierce eingehführt. Das Ikon ist für ihn ein bezeichnendes Zeichen, wenn es auch nicht so definitiv und logisch verwendet werden kann wie die fertigen Sprachzeichen, die verbalen Signifikanten. Aber es kann umso eindrucksvoller kommuniziert und vor allem zur *Analytischen Psychokatharsis* verwendet werden, während Psychoanalytiker es als Hindernis bezeichnen. Lacan meint, es verbleibt im Spiegelungssystem, aus dessen Oszillieren man nicht endgültig zur Reife und gelungenen Ganzheit kommt. Die Spiegelungs-Zwei muss zur sprachlichen Drei werden (realisiert im durchgestandenen Ödipus, wenn der Gesetz relevante Vater die Duo-Mutter/Kind-Textur in seinen Text aufnimmt). Doch genau dies passiert auch im Schlussmoment der *Analytischen Psychokatharsis*, wie ich noch ausführlich zeigen will.

Ich bleibe bei der festen Unterscheidung des wortwirkenden Lautsprachlichen, dem phonematischen Text, und des bildwirkenden Ikonischen, der Textur der *Kraftlinien*, jedoch als gleichberechtigte Grundprinzipien, Grundkräfte, oder, wie die Psychoanalytiker sagen Grundtriebe. Sie sind völlig gleichwertig, und während die Psychoanalytiker zu parteiisch dem sprechenden Text zuneigen, so wie es auch die drakonische Stimme zwischen Adam und Eva versucht hat, sehe ich im Ikonischen von Adam und Eva das Texturelle im Vordergrund. So nur noch von einem militanten Wort-Wirkenden zur Rede gestellt, wurde alles völlig herumgedreht, und damit haperte es mit der Kommunikation. Es haperte einfach zu früh, man wartete den Schlussmoment nicht lange genug ab, den man die Vertreibung aus dem Paradies (psychoanalytisch: Vertreibung aus dem Ödipus-Komplex) nannte, das – wie gesagt – ja gar nicht so paradiesisch war.

Das lässt sich in den früheren Narrativen, auch speziell dem des Alten Testaments gut darstellen. Von Gott wurde der Baum des Lebens intendiert, heißt es. Er war doch der Schöpfer, der das Leben auf der Erde geschaffen hat. Doch er hat sich – unfairer Weise – auch das Erkennende angeeignet, den Baum der Erkenntnis, um zu zeigen, dass nur er das Wissen hat. Wie soll das zusammengehen, Schöpfer und zugleich auch wieder Erkennender dieser Schöpfung zu sein? Der Trick war der gleiche, wie ihn Lacan – wenn auch nur zur Theoriebildung – benutzt, die gegenseitige Überschattung, Unbestimmt-Machung, Herumdrehung der zwei Ecken, jetzt – allegorisch durchaus nett gemacht – in Form von zwei Bäumen.

Der Baum des Lebens an der Ecke 2 wurde überschattet vom Baum der Erkenntnis an der Ecke 1, indem dieser schon vorher vorhanden war, wie es Lacan doch selber mit den *Kraftlinien,* dem Bild-Wirkenden, als der ersten Klassifizierung und der Zählbarkeit der Dinge, betonte. Es fand dieses Hin und Her eines ersten ‚Es Zählt' (Erzählt) statt, weil man die Positionen auch (wie in der Mathematik vor und hinter dem Gleichheits-Zeichen) umkehren konnte. Jede Existenz ist nur vor dem

Hintergrund einer Nicht-Existenz, der Big Bang am Anfang des Universums nur vor dem Hintergrund des Big Crash zu denken, und so eben der eine Baum nur vor dem Hintergrund des anderen Baumes. Das ist das Grundgesetz der Spiegelungssituation, die im Alten Testatemnt aber so tut, als sei sie schon fertiges Vater-Gesetz und wissenschaftlich bestätigte Erkenntnis.

Ich habe schon erwähnt, dass es so auch bei Lacan ständig zugeht: das eine ‚Ein' muss herumgedreht werden, damit das andere ‚Ein' nicht das gleiche ist, aber doch ‚Ein' bleibt (das ‚Ein' ◆,Ein' also in die zweite, die symbolische Potenz erhöht). All dies liegt wahrscheinlich daran, dass der Psychoanalytiker selbst eine herumgedrehte Person ist, er darf nicht Persönliches, nichts von sich, kein eigenes Begehren ins therapeutische Gespräch einbringen. Er darf nichts beanspruchen, darf auch den Patienten nicht heilen wollen, ihm nichts raten und keinen Tipp geben. Wie es heißt, muss die Psychoanalyse in dieser Art der Versagung durchgeführt werden, der Patient bekommt also nichts. Dadurch wird auch beim Patienten etwas herumgedreht. Während sich bei den klassischen Neurosen die Psychoanalyse definitiv bewährt, wird es mit ihr bei Somatisierungsstörungen, bei Persönlichkeitsstörungen, bei Primär-, Grundstörungen wie bei Adam und Eva noch schwieriger therapeutisch wirksam zu sein.

Und deswegen müssen die Psychoanalytiker ihre Theorie um zwei Ecken herum verbiegen, um aus dem Raunen, dem Text von Φ, eine taffe Aussage zu machen, indem es sich verbindet mit dem Bild-Wirkenden, der Textur, die aus dem Hinten-Herum des unglücklichen Mutter-Kind Duos heraus- und nachwirkt, in dem ich lediglich den Anfang des Ψ (Psi) sehe, des autochthonen Genießens. Ich sehe in dem Ikonischen, wenn man es sinnvoll nutzt, und das dann nicht nur ein Verschmelzungs-Phantasma ist, eine Möglichkeit zum ‚Mehrsein' (so problematisch dieser Ausdruck vorerst auch sein mag), und nenne das Ikonische zur Vereinfachung jetzt Ψ.[22] Denn ich will die beiden, Φ und Ψ, auseinander halten und erst in der Praxis der *Analytischen Psychokatharsis* zusammenführen. Solch eine Zusammenführung ist das Ziel aller Bestrebungen. Freud wollte Bewusstes und Unbewusstes zusammenführen (da wo Es war, unbewusst, sollte bewusstes Ich werden). Ich will das Wort- und das Bild-Wirkende zusammenführen, um ein ‚Mehrsein' zustande zu bringen, was nur in der Praxis des Einzelnen gelingt.

Im Narrativ der Bibel hat Gott, das Es des ‚Himmels' und der Herrlichkeit, selbst schon seine Hand im Spiel dieses ‚Mehrseins' gehabt, er befand sich an beiden Ecken zugleich, er hatte alles schon zusammengeführt, noch bevor es da war. Er hat auch nichts von Φ als den Primat des Begehrens deutlich gemacht oder herausgehoben, hat es aber auch nicht ikonisch, bild-wirkend, als Ψ offen gelegt,

---

[22] Es ist problematisch, weil das Bild-Wirkende dem Sein nahesteht, und so ohnehin schon mit dem Überfluss seiner Bilder, Blicke und Phantasmen droht; warum noch ‚Mehrsein'? Ich werde aber eine Lösung anbieten, die den Namen rechtfertigt.

was Adam und Eva vielleicht geholfen hätte. Er hat nur geredet und geredet, hat dem Wort-Wirkenden den absoluten Vorrang gegeben, ja es sogar erfunden und behauptet, es sei ein Gebot.[23] Wie der Psychoanalytiker heute, hat auch Er das Bild-Wirkende, das Ikonische, nicht so genutzt, nicht gleichwertig neben das Wort-Wirkende gestellt. Er verwendet nur den Herrendiskurs, Lacans Signifikant$_1$, der wie gesagt Befehlscharakter hat und in dem man den kräftigen Tonfall der eigenen Stimme genießt. Aber man hat nichts im Blick.

Dies hatte jedoch das erste Menschenpaar, es hatte alles im Blick, es fehlte ihm lediglich noch das Lexikalische, die Ordnung der Buchstaben, die Vokabeln, um davon auch dezidiert zu sprechen. Im Sinne des Zwei-Ecken Problems war der symbolische Signifikant – wie Lacan des Öfteren bemerkt und ich schon erwähnt habe – eine gelöschte Spur, die aber besonders wirksam ist. Denn selbst wenn die Spur nicht mehr da ist, ist trotz Löschung diese enorme Anstrengung die letzten Vokabel-Phoneme verbannt zu haben, irgendwo noch gespeichert, wie man aus der Kriminologie verwischter Blutspuren und den ausradierten Festplatten im Computer bestens weiß. Es geht also wieder um die Überschattung, Vertuschung der

---

[23] Nichts reizt mehr als ein Gebot oder Verbot zur Übertretung. Früher hat man Impotente oft damit behandelt, dass man ihnen gesagt hat, sie dürften drei Wochen keinen Sex mehr heben. Prompt haben sie es nach zehn Tagen nicht mehr ausgehalten, prompt hat es funktioniert. So setzt sich auch Gott mit Hilfe des Übertretungskonstrukts in Szene.

einen Ecke durch die andere, der Textur durch den Text und umgekehrt. Man kann dies auch gut an dem Verhalten der Spuren in der Liebe sehen. Es genügt dort nicht, eine Spur zu legen, die vortäuscht, hier sei der wahrhaft Liebende vorbeigegangen, während er vielleicht gar nicht kam.

Nein, er muss vortäuschen vorzutäuschen, so dass die Geliebte die richtige Spur für die falsche hält, während der wahrhaft Liebende auf der richtigen Spur schon unbemerkt vorbei gegangen ist. Es muss eine zweifache Täuschung geben, eine Täuschung im Quadrat, eine um zwei Ecken herum, wie sonst sollte die wahre Liebe des Menschen zum Ausdruck kommen? „Auch das Tier legt Spuren und verwischt sie, es täuscht also, aber es kann nicht vortäuschen, dass es vortäuscht. Es legt keine falschen Spuren, um uns glauben zu machen, sie seien falsch. Es legt keine falschen falschen Spuren – was ein, ich würde nicht sagen: grundlegend menschliches, sondern gerade grundlegend signifikantes Verhalten ist. Genau da ist die Grenze". [24]

Diese doppelte Löschung, Täuschung, Überschattung, findet sich also auch in dem Vorfall bei Adam und Eva und ihrem Sündenfall. Zuerst einmal schämten sie sich nicht ihrer Nacktheit, indem doch Scham und Nacktheit schon vorgefasste Begriffe aus der theokratischen Trickkiste waren. Sodann ist, wie schon erwähnt, in Wirklichkeit nichts lustvoller als die Übertretung eines Verbots,

---

[24] Lacan, J., L´angoisse, Seminaire Nr. X, Vortrag vom 12. 12. 63., Übersetzung G. Schmitz, S. 70-71

und so existiert tatsächlich auch bei ihnen Φ bereits ganz am Anfang, wenn eben auch vertuscht, prekär, unter Spannung. Sie hätten eigentlich wegen der Missachtung eines Verbots Schuldgefühle haben müssen, und so wissen sie nicht genau, was sie gemacht haben, als ihnen plötzlich verwirrender Weise statt Schuldangst die Schamröte ins Gesicht stieg.[25] Sie haben sich dann Blätter umgehängt, als handle es sich um einen misslungenen Faschingsscherz, aber Gott stattet sie später mit vollbekleidenden Fellen aus, die perfekte Burka, erneut der hilflose Versuch einer totalen Löschung der Spur.

Dabei waren Adam und Eva doch nur zu zweit! Es ist einzusehen, dass in einer großen Familie, in einem Dorf oder der ganzen Gesellschaft nicht alle nackt herumlaufen können und sich dann alle so steril benehmen müssen wie in einem FKK Club, wo eine besonders perverse Schamangst besteht. Aber zu zweit allein auf der ganzen Welt! Wo liegt da das Problem? Sollte es um einen Sexualdelikt, eine Neigung zu lustvoller Exaltation oder gar Perversion gehandelt haben, also etwas, was die beiden nicht kannten oder nicht ernst genommen haben? Oder was könnte es sonst noch sein? Nur vom Baum der Erkenntnis zu essen, kann doch nicht so schlimm sein. Wie bei Kant

---

[25] Es heißt in Genesis 3; 7, dass ihnen die Augen aufgetan wurden, und erst da hätten sie gesehen, dass sie nackt waren und erröten müssten. Nun kann es ja wie schon gesagt die Nacktheit allein nicht gewesen sein, es muss Schamlosigkeit, vielleicht gar Perversion zum Vorwurf gemacht worden sein, aber wären das nicht auch wieder göttliche Projektionen?.

und Lacan bleibt der Anfang im Alten Testament eine Nebelwand, ein vertuschender Trick oder ein Stottern.

Ganz vereinfacht kann man immer sagen, dass die Sünde stets nur vor dem Hintergrund schamloser Reden zu Tage tritt, des klassischen Repertoires von Φ, man dabei aber schuldlos bleibt. Vergleichbar passiert das Leben immer vor dem Hintergrund des Todes, auch wenn man es nicht merkt, und man sich daher beim Sterben nicht schämen muss.[26] Und so existiert auch Gott immer vor dem Hintergrund eines bösen oder schlangengleichen Wesens. Ich will das Wort Teufel gar nicht aussprechen, weil es so albern ist. Er ist Φ, er ist Priapos, das paradigmatische Primat der Psychoanalyse, ganz klar, aber nur, weil man es nicht weiß, und der göttliche Typ auch von Ψ keine Ahnung hat. Auch Gott und Teufel spielen mit den zwei Ecken, besonders gut zu sehen an Hiob.

Denn dass Adam und Eva aus dem Paradies vertrieben wurden, heißt, dass sie ganz in Ψ vertieft waren und sich bei Gott erfolglos in Psychoanalyse befunden haben. Wie schon gesagt hat Gott seine therapeutischen Weisungen – so es überhaupt welche waren – aus der Position des Überichs gegeben. Zudem hat ein Paradies nie existiert.[27] Nur der Neurotiker glaubt, dass seine Bindung an die

---

[26] Wie, in welcher Weise man stirbt, zeigt etwas von der eigenen Schuld, wie ich als Arzt oft feststellen konnte.

[27] Psychoanalytiker sagen, dass man glaubt, das mütterliche Primärobjekt, ihre nicht nahrungs- sondern ‚Mehrlust' spendende Brust verloren zu haben. Aber diese Art von Brust war ja nie wirklich lebenserhaltend und nur ein Schein-Paradies.

Mutter, das Liebesparadigma, das Aufgepäppelt-Werden, ein Paradies war. Was dem ersten Liebespaar in Wirklichkeit gefehlt hat, war mehr Kenntnis vom Wort-Wirkenden zu haben, um so Gott Paroli bieten zu können, das heißt, göttliche Manieren gelernt zu haben und zu wissen, was das Wort des Über- und Übelvaters gilt (der auch Vater des Wortes sein müsste).

Es fehlte Adam und Eva aber auch das Wahrheitswissen, was es heißt, eine Frau zu sein. Denn das haben sie von Gott nicht erfahren, der, selbst $, nur damit beschäftigt war, seinen Anspruch (Demand) mit dem Signifikanten des groß zu schreibenden Anderen in eine richtige Verbindung zu bringen (siehe Graph nebenan und das darin zu sehende S (A̸) —▶— $◆D, das ich nicht weiter kommentiere, sondern nur als Anschauungsmaterial verwende, weil kein Lehrbuchwissen notwendig ist. Hier ist allerdings nochmals das desir (d) in Bezug zum $ ◆ a zu sehen. Ebenfalls nur anschauungshalber).

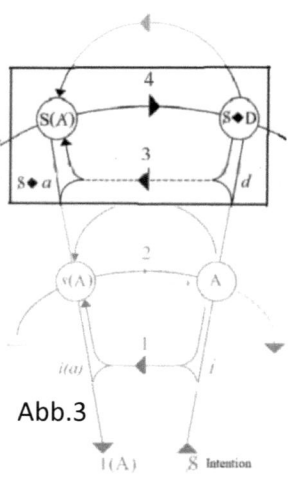

Abb.3

Denn Gott selbst hatte gegenüber dem Bild- und Blick-Wirkenden der Natur noch keine gefestigte Position, er war pures Wort-Wirkendes, Anspruch, Ruf, Macht- und Kraft-Wort, das keiner so isoliert gerne hören wollte. Für ihn waren ja auch die Frauen aus der Rippe eines Mannes gemacht, aus einem der lächerlichsten Teile dieses wenig anmutenden Körpers.

Was es heißt eine Frau zu sein, will ich versuchen im 4. Kapitel zu eruieren. Obwohl die Frau genauso Anteil an Φ hat, und dies auch auszuspielen versteht, liegt ihre eigentliche Chance bei Ψ, zu dem sie einen primär gegebenen Zugang hat. Wie Freud mit seiner These vom phallischen Primat im Unbewussten beider Geschlechter, das seiner Ansicht nach ja in versteckter Form den Anfang gemacht hat, versucht Lacan diesen Sachverhalt mit der Mengenlehre zu beweisen. In ihr gibt es ja auch die sogenannte ‚leere Menge‘, also die, die kein Element enthält, und das passt gut zu Φ, denn es ist ja nichts an ihm dran. Φ ist ja nur „der Signifikant, der kein Signifikat hat", wie Lacan sagt, also ein Rumpelstilzchen, das sich aufbläht, erigiert, solange man seinen Namen, sein Signifikat nicht weiß.

Aus den Signifikanten, Stilzchen, Stelze, Rumpelpumpel, mit dem es herumstolziert, hätte man es erraten können. Hat's dir der Teufel, hat's dir Φ gesagt, schreit der Kleine im besagten Märchen dann auf, in dem die Müllers-Tochter Gold spinnen soll, um ihr Kind zu retten. Die Arme stand wahrhaft vor einer ‚leeren Menge‘, vor leeren Hoffnungen, in denen der Name des Rumpelstilzchens nicht auftauchte. Doch das Wort ‚Menge‘ suggeriert bereits eine Vielfalt, wie soll die dann leer sein? Nun, sie ist nicht leer, sie ist nur ihr eigener Inhalt und wird durch das kuriose und wichtigtuerische Gerede davon gefüllt, indem man von der sexuellen Beziehung ja nichts sagen kann, nichts Definitives, Logisches, Quantifizierbares, sondern nur ‚Rumpelstilziges‘. Sie *Strahlt* (bild-wirkend) hell, *Spricht* (wort-wirkend) aber nicht. Wirkliches Gold kann

nicht gesponnen werden, vielmehr muss man die Signifikanten belauschen, und dies macht die Magd der inzwischen zur Königin avancierte Müllers- Tochter mit Erfolg.

Die Magd, das ist etwas Ikonisches, deswegen hat Marx –
um ihn endlich neben Lacan ins Spiel zu bringen – auch
nicht daran gedacht, sie vom Joch zu befreien, vielmehr
hat er sie (seine Hausangestellte) geschwängert und das
Kind weggeben lassen. Der Philosoph hatte noch zu viel
Männliches an sich, wie es vielleicht auch beim Schreiber
des Alten Testaments der Fall war. Magd und Frau, Mann
und Philosoph, wieder die beiden Ecken, die noch ein
bisschen unbestimmt bleiben. Deshalb besteht mein Versuch nun darin, diesem psychoanalytisch notwendigen
Wort-Wirkenden, dem A (Lacans *Anderen*), in seiner
nicht quergestrichenen Form von vornherein gleich das
Bild-Blick-Wirkende als Ikonisches B dazu zu stellen.
Denn selbstverständlich haben Adam und Eva von Anfang an etwas gesehen, sie haben Blicke getauscht, sie
haben etwas Ikonisches etabliert, sie haben sich bildliche
Vorstellungen vom Anderen gemacht. Doch das allein
genügte eben nicht. Man muss es zusammenschweißen.

Außer in vielen Theorien habe ich nirgendwo eine gleich-
zeitige und gleichörtliche Praxis gefunden, die den Zusammenschluss, das Zusammenschweißen der beiden
‚Wirkenden‘, des A und B realisiert hätte. Ein Versuch,
über den Lacan freilich nur lachen würde, aber er weiß
freilich nicht, dass ich damit die Praxis meine, und zwar
speziell die des eben von mir eigens entwickelten Verfah-

rens, in dem Psychoanalyse und Meditation verbunden werden. In diesem Verfahren, in der *Analytischen Psychokatharsis*, fängt man mit B, also dem Bild-Blick-Wirkenden an, um eine Konzentration zu erreichen, die die vielen theoretischen Objekte, wie sie die Psychoanalyse auftischt, erst einmal unberücksichtigt lässt. Es wird also zu Beginn genau diese erste Ecke aufgespürt, sozusagen der Baum der Erkenntnis anfänglich mutig betrachtet, was natürlich nur möglich ist, weil ich – wie schon angedeutet – ein eigens entwickeltes, rein f o r m a l bild-wort-wirkendes Instrument einführe (sogenannte und noch zu erklärende *Formel-Worte*), das verhindert, dass B, das Ikonische, zu uferlos, zu sehr sich an Phantasievolles annähert, zu viel wiederholt und zu unfassbar wird, aber notwendig mit A verbunden ist.

B führt zur Katharsis, wie sie die Patienten Freuds erlebten, als er die Hypnose noch zur Therapie nutzte. Freud hielt einen glitzernden Gegenstand vor die Augen des Patienten und sprach dann mit sonorer Stimme, von der sie sich in lustvoller Hingabe zu ihrem Bild-Wirkenden führen ließen, ganz nach der Formel $\$\diamond$ **a** (abgespalten vom Wachbewusstsein, und Stimme und Blick als ‚Mehrlust'-Objekte genießend). Doch wieder aufgewacht, war die Erinnerung an das Besprochene und Gesehene verblasst, und so haben diese frühen Patienten von Freud nicht viel gelernt, und er selbst nur wenig Nutzen daraus gezogen. Die Katharsis in der *Analytischen Psychokatharsis* ist jedoch von nichts abhängig, sondern überlässt sich dem eigenen Unbewussten und dessen mit den *Formel-Worten* gestützter symbolischer Ordnung. Getragen von dem kathartischen Genießen sind der Wechsel und die Zusammenführung von B zu A, dem reinen, ungetrübten Wort-Wirkenden, einfach. So wird endlich l'Un, die Einsheit, erreicht, die Lacan theoretisch in sehr umschweifiger Form in seinem XIX. Seminar erstellt hat.

Es genügt also weiterhin nicht mehr, Kuriositäten wie die vom Sündenfall zu verkünden und auch nicht nur die beiden Grundkräfte theoretisch großartig gegenüber zu stellen, man muss sie vereinen können. Schließlich war es seit Menschengedenken das Ziel, die Spaltungen und Differenzen unter einem, geeinten Blickwinkel (Bild-Wirkendem) zu sehen und unter einer Wissenschaft (Wort-Wirkendem) wie etwa der Psychoanalyse zu diskutieren. Geist und Materie, Kultur und Natur, Mann und Frau, nie konnte man sie wirklich als vereint erfassen. Hegel hat es für das erste dieser drei Paare, Marx für das zweite und Freud, sowie Lacan für das dritte versucht bzw. die Unmöglichkeit einer Einheitsdefinition beschrieben. Eine derartige Vereinigung ist weder unter einem Gott, noch unter einem Mythos und auch nicht unter einer Wissenschaft gelungen. Aber mittels der Praxis der *Analytischen Psychokatharsis* wird es möglich sein. Denn hier erfolgt einfach ein praktisch-meditativ zu machender Schritt, der zu etwas Analytischem führt, zum, zur ‚Ein(s)‘.

Ich empfehle dazu die zwei sehr einfachen Übungen der *Analytischen Psychokatharsis*, die im Anhang genau beschrieben sind. Kurz im Voraus: Im Zentrum der ersten Übung stehen die genannten *Formel-Worte*, die mehrere Bedeutungen in einem einzigen Schriftzug enthalten, wodurch sie sich besonders zur Meditation des Bild-Wirkenden, Imaginären, des Es *Strahlt* eignen. Ist ein kathartischer Höhepunkt durch diese Übung erreicht, der eben genau durch das Genießen charakterisiert ist, wie es Freud in der Hypnose nicht verwerten konnte, wird zur zweiten Übung, dem Nach-Innen-Hören, dem Es *Spricht* des Wort-Wirkenden übergegangen,. Dadurch gibt das Unbewusste ein *Pass*-, Identitäts-*Wort*, ein persönliches, textliches Es *Spricht* frei.[28]

Es dient dazu sich zu finden, sich in wissenschaftlicher Weise zu finden. Die Zeiten sind vorbei, die noch Nietzsche in seinem Zarathustra als die des edlen, des großen, des vornehmen Menschen, dem die Beziehungen noch gelungen, gepflegt und gehoben waren. Überhaupt regierte – wenn hier auch nur literarisch – die Wahrheit noch vor dem Wissen, denn „der Wahrheitspunkt liegt dem Wissenspunkt voraus", schreibt Lacan, „indem er in der Perspektive des Anspruchs eingeführt wird . . . was es nötig macht zu fragen, in welcher Struktur . . . er nicht übereinstimmt in dem, was sich das Begehren nennt."[29] Das Wesen des Begehrens muss nämlich ins Innere des Wissens eingeführt werden, um zu der aller vorausliegenden Wahrheit zu kommen. Auch das sind wieder zwei Ecken, denn die Wahrheit ist in der ersten Ecke

---

[28] Wie zu bemerken war, verwende ich auch das Es *Spricht* und das Es *Strahlt* als gleichwertige Metaphern zum Wort- und Bild-Wirkenden.

[29] Lacan, J., Seminar XIII, Meninas II, in lacan-entziffern.de

schon da, aber sie wird überschattet vom zu vielen und zu wenig relevanten Wissen, und das insbesondere hinsichtlich des seelischen Triebs, des Begehrens. So kommt es zum Konflikt, der analytisch und psychokathartisch gelöst werden muss.

In der klassischen Psychoanalyse muss dies durch die ,freien Assoziationen', die freien, spontanen Einfälle des Patienten und durch die linguistischen, intersubjektiven und auf die Übertragung bezogenen Deutungen in komplexen Wort-Bedeutungs-Zusammenhängen interpretieret werden. Dabei kommt es niemals zu einem wirklichen Ende dieser Wort-Wirkungs-Arbeit, da das bildwirkende Begehren stets neue Wege zu psychischen Komplexen im Unbewussten findet. Es kann nicht total zusammengebracht werden. In der *Analytischen Psychokatharsis* dagegen werden die zwei Ecken durch den kathartischen Sprung vom Bild-Wirkenden ins Wortwirkende mit dem endgültigen Ziel im *Pass-Wort* praktischlogisch verbunden. ,Mehr Sein' ist nicht möglich.

3. Marx und Adonis

Byblos, das schon im fünften Jahrtausend v. Chr. gegründet wurde, war in der Antike das Hauptzentrum des
Adonis-Kultes. Die Mythen um Adonis, den man bei uns
seit jeher als jugendlichen Schönling kennt, handeln von
unerfüllter Liebe, Tod und Auferstehung und enthalten
wohl Züge des Glaubens an eine lebenspendende Muttergöttin. Er sei der Sohn der Myrrha (Smyrna) und ihres
Vaters, König Kinyras von Assyrien, heißt es, also das
Ergebnis eines Inzests, was schon wieder gut zur Psychoanalyse und ihrem Konzept vom Unbewussten passt.
„Weil Myrrha Aphrodite nicht gebührend huldigte, wurde sie von der Liebesgöttin in blinde Liebe zu ihrem
Vater versetzt. Mit der Hilfe ihrer Amme gelang es Myrrha, sich ins Schlafgemach ihres Vaters zu schleichen,
ohne dass dieser sie erkannte.[30] Als die Wahrheit ans
Licht kam und sich der Vater des Inzests bewusst wurde,
wollte er seine Tochter töten. Diese wurde jedoch von
den Göttern in einen Myrrhenbaum verwandelt. Der
Baum sprang nach zehn Monaten auf und brachte Adonis
hervor, der von Nymphen aufgezogen wurde".[31]

Phantastisch, diese Geschichte würde sich mindesten so
gut wie die von Ödipus zur Ausgestaltung eines psychischen Komplexes eignen. Die dann Adonis-Komplex zu

---

[30] All das passt auch zur Geschichte von Adam und Eva, die
eigentlich Geschwister waren, geschaffen vom gleichen Vater,
ja sogar vom gleichen genetischen Material (Adams Rippe).
[31] Wikipedia: Adonis

nennende psychische Störung würde im Gegensatz zu
der ödipalen Mutter/Sohn-Beziehung eher zur Frau passen, die sich unbewusst ein Kind von einer stattlichen,
göttlichen Vaterfigur wünscht (wie im Fall Myrrha), das
entsprechende Tabu jedoch gegen sich selbst richtet und
sich dann – als Kompromiss eine Mischung aus Kind
und großartigem Mann – einen schnuckeligen jungen
Kerl aussucht, den sie – ohne zu wissen warum – mit
Größe und Mächtigkeit ausstattet. Statt der Schuld wie
beim Ödipuskomplex stünde die Scham im Vordergrund.
Auch so ließe sich der Sündenfall erklären: Eva bietet
sich als Frucht dem Adam an, der – noch infantil und
unreif – lüstern zubeißt, ohne zu wissen, was das eigentlich bedeutet: nicht Inzest, aber eine Art von unbewuss-
tem Kannibalismus. Doch lassen wir das vorerst.

Adonis soll der Sage nach an einer Quelle, einige Kilo-
meter südlich von Byblos ums Leben gekommen sein. In
Byblos trauerte man jedes Jahr 8 Tage lang um seinen
Tod und feierte andererseits auch seine Wiederauferste-
hung. „Auch in der griechischen Mythologie ist Adonis
das Sinnbild oder der Gott der Schönheit und der Vegeta-
tion und einer der Geliebten der Aphrodite. . . Ihre Liebe
musste Aphrodite allerdings mit Persephone (der Göttin
der Unterwelt) teilen. Zeus verfügte, dass Adonis jeweils
den dritten Teil seiner Zeit bei Aphrodite und Persephone
leben sollte. Über das restliche Drittel konnte er frei verfügen. Aphrodite habe der Sage nach sein auf den Boden
fallendes Blut in ein Adonisröschen verwandelt, als ihn
der eifersüchtige Ares (Kriegsgott), der sich in einen
wütenden Eber verwandelt hatte, tötete. Es gibt viele

verschiedene Fassungen dieses Mythos, bei denen Adonis stirbt, ohne sich mit Aphrodite je vereinigt zu haben."[28]

In dieser Geschichte ist alles vorhanden, was in der Psychoanalyse eine Rolle spielt: Eigenliebe und Mord, die phallische Mutter, der kastrierte Mann, Eifersucht und Geschlechtswandel, bezüglich dessen auch heute noch viel von Androgynie, ein Phantasiebegriff für ein männlich-weibliches Wesen, von Hermaphroditismus oder — aktuell — von Transgender, dem Realisierungsversuch eines solchen, gesprochen wird. Nun hat gerade die Figur ganz rechts auf der Umschlagseite ein derartiges intersexuelles Aussehen. Ein Adonis, schlank und rank und doch auch sportlich. Auch wenn dieser Figur keine Brüste gewachsen sind, fällt doch die überschlanke, feminine Gestalt auf, die auch an die jünglingshaften Könige erinnert, die als Geliebter und Sohn-Gemahl den matrilinearen Göttinnen bzw. deren Priesterinnen dienten.[32] Im altgriechischen Kybele-Kult kastrierten sie sich freiwillig, aber im Adonis Kult ging es um das Schöne, um die erotische Ästhetik. Vielleicht war die Gestalt des Reshek, wie die Statue aus dem Museum in Beirat heißt, solch ein anmutiger Adonis, der den Kult um diese Figur weiterführen und spielen sollte, indem er zwar nicht real kastriert ist, aber doch ikonisch, bildhaft und symbolisch dem Schönheitskult diente, für den man glaubte, sich nicht schämen zu müssen.

---

[32] Göttner-Abendroth, H., Das Matriarchat, Bd. I, Kohlhammer (1988)

Lacan holt das Schöne über die von mir favorisierte Seite des Bild-Wirkenden ins Gewebe des Psychoanalytischen herein. Das Schöne der Liebe stellt er mittels des Begriffs des Aufregenden und Exzitativen heraus (eine Form der Minne), und er betont, „dass das Schöne ausschließlich den Körper verherrlicht: Dort ist das Prinzip die ‚Jouissance', des autochthonen Körpergenießens."[33] Aber es ist auch das Prinzip der Liebe, wie Lacan weiter ausführt, indem er ihr die Zahl Zwei zuordnet, die der Symmetrie, die der Spielregeln – er meint wohl wieder die um zwei Ecken herum, die nie ganz aus der (meist auch narzisstischen) Spiegelung herauskommen. In der Liebe liebt man immer auch ein bisschen sich selbst, weshalb die vollständige Liebe, die auf die Wahrheit des Wissens aus ist, nicht die der Ein(s) ◆ Ein(s) oder die der Zwei, sondern die der Eins und der Drei ist.[22]

Wie sehr allerdings das matrilineare Konstrukt friedlich und vegetationsverliebt abgelaufen ist, wie es im Mythos klingt, ist fraglich, denn die Drei schloss dort – wenn ich weiter bei der Lacanschen Mathematik bleiben darf – den Tod recht leidenschaftlich mit ein. In vielen Berichten heißt es, dass der Adonis gleiche Sohn-Gemahl der Muttergöttin nach einem Jahr oder in gut gewählten Abständen geopfert werden musste und durch einen neuen königlichen Geliebten ersetzt wurde. Darin liegt das quasi kannibalistische Element, das wohl hauptsächlich zur Textur/Text Volumen des Matriarchats gehörte. Es ist bekannt, dass in diesen frühen, steinzeitlichen Kulturen

---

[33] Lacan, J., Seminar XXI, Vortrag vom 12. 3. 1974

die Kreation von Nachwuchs und dessen Aufzucht nicht im patristischen Sinn im Vordergrund stand. Das alltägliche Gebären und Überleben war wichtiger, das Wirken einer Vaterfigur, gar eines Patriarchen als Richtgeber, war nicht im Programm. Es gab Baum-, Flussgeister und Götter, die alle unklaren Geschehnisse verursachten und ewig jungfräulich bleibende Nymphen, die ja Adonis aufgezogen haben sollen. Leben und Tod der Natur waren Vorbild und darin war das Opfer des Sohn-Gemahls mit eingeschlossen.[34]

Die archäologischen und anthropologischen Forscher, D. Graeber und D. Wengrow haben in dem zur Zeit hochgelobten Werk wohl recht, wenn sie bestätigen, dass die göttlichen Frauen in den matrilinearen bzw. matriarchalen Gesellschaften, vor allem in den frühsteinzeitlichen Formen im vorderen Orient, wohl kaum eine „Exekutivmacht" vertreten hätten.[35] Es handelte sich um eine andere Macht, die sie innehatten, eine, die man eher eine Mächtigkeit oder eine Fülle nennen müsste. Eine „Macht ohne Machthaber", wie sie der Philosoph M. Foucault als eine der Grundkräfte des Lebens nannte. Man könnte ihre Macht als die erotisch gefärbte Übertragungsliebe

---

[34] Ich will damit nicht sagen, dass das Matriarchat eine ungute und unglückliche Kreation war. In den Kriegen des Patriarchats starben noch viel mehr junge Männer und das Schöne, die erotische Ästhetik, haben die Griechen noch eine Zeit lang weiter geführt, doch seit den Römern war es dann vorbei.
[35] Graeber, D., Wengrow, D., Anfänge, Eine neue Geschichte der Menschheit (2022).

verstehen, wie sie Freud beschrieben hat.[36] Er verstand darunter, dass der Patient positive Bedeutungen von weiß Gott woher auf den Psychoanalytiker überträgt, die – trotz dieser ihrer Inadäquatheit – den vorteilhaften Effekt hat, dass der Therapeut daraus Deutungen ziehen kann, die die Identität des Patienten betreffen.

Lacan legt hier noch nach und kommentiert, dass die positive Macht der Mutter dem Kind gegenüber mit etwas Negativem wechselt, wenn der Mutter das fehlt, was sie normalerweise vom Vater bekommt, nämlich reale Macht der Zeugung, aber auch die des vollen Begehrens, die symbolisch ist, oder zumindest von daher deutlich gestärkt wird. Ich habe bereits den Begriff der Ausstrahlung des Vaters verwendet, mit der Φ, das Begehren in seiner Dominanz auf die Mutter übertragen wird, wodurch deren Begehren sich als verkürzt, als nicht vollständig darstellt und so nicht die ganze Symbolkraft, sondern die Dominanz des Imaginären zur Wirkung kommt. Lacan selbst spricht mehrmals vom ‚ultrasubjektiven Ausstrahlen', also vom Bild-Wirkenden, Imaginären per se, nicht gebunden an ein individuelles Subjekt.

In seinem V. Seminar beschriebt er sehr umständlich, wie diese Wirkung des geschlechtlichen Begehrens in dem Dreieck Vater, Mutter, Kind zum Einsatz kommt. Er greift hinsichtlich der Vaterfigur langatmig auf die unterschiedliche Relevanz des Gesetzmäßigen zurück, wie sie beim Knaben und Mädchen im frühen Ödipuskomplex

---

[36] Die zweite Grundkraft bei Foucault war der „Sex ohne Gesetz", der also keine fixierte Orientierung hat.

zum Zug kommt, womit er weiter dem Wort-Wirkenden betont genügen kann. Doch mit dem ja auch geläufigen Begriff der Ausstrahlung lässt sich dies alles viel einfacher erklären. Freilich handelt es sich nicht um irgendwelche Libido-Strahlen, die vom Vater ausgehen, sondern um etwas im Bild-Wirkenden Eindruck mit enthaltenes, des libidinösen Charakter hat, imaginär-symbolisches, ultrasubjektives Φ.

Von ihrer erotisch-libidinösen Stärke kann die Mutter somit nicht in gleicher Weise reden wie ihr Mann dies tut. Es geht nicht um seine nur vorgestellte, und auch nicht um seine reale Stärke oder Potenz. Dies auch, aber mehr im Sinne einer Sprachkraft, eines Imperativs, einer sexuell getönten Bestimmtheit, die eben vom Imaginären zum Symbolischen führt, eine gegenseitige Übertragung. Auch beim modernen Zivilisationsmenschen von heute liegt der positiven Übertragung zugrunde, dass der Patient dem Psychoanalytiker ein Wissen unterstellt. Im Matriarchat und in den ganz frühen Kindheitsgeschichten aber ging es weniger um ein Wissen, als um eine Fähigkeit, die diesen Gottfrauen unterstellt wurde. Ihre Mächtigkeit, Imposanz, ikonische Größe, förderte die Übertragungsliebe zu diesen mütterlich-göttlichen Superfrauen, die zwar nicht einer Exekutivmacht galt, aber einer amourös-sexuellen Mächtigkeit, die zur Erhaltung ihres Systems geschaffen war, also wenigstens die Legislative dieses weiblich göttlichen Matriarchats darstellte. Wie die Mütter in der Frühphase – vielleicht schon kurz vor der Geburt und eine gute Zeit danach – seit jeher und so auch heute, regierten die matristischen Göttinnen nicht von einem Jenseits aus. Sie zeigten sich vielmehr diesseitig in ihrer ganzen Fülle und Erhabenheit. Sie waren starke Ikonen, gleichzeitig aber auch real Imaginäres, das

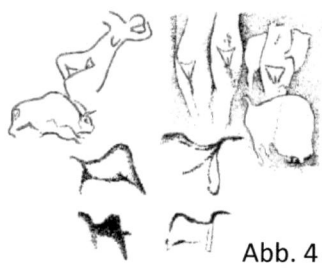

nicht die Bestimmtheit des Symbolischen, des Vater-Wortes, des Imperativs und der libidinösen Ausstrahlung hatte.

Ich denke jetzt nicht nur an die bekannten steinzeitlichen Venusfiguren, die

Abb. 4

suggerierten, dass damals extreme Adipositas cool war. Die Figuren waren wohl nur Großmutter-Devotionalien, die Venus von Willendorf maß gerade Mal 11 cm. Ich denke vielmehr an die vom Paläoanthropologen Leroi-Gourhan beschriebenen Bison-Frauen (Abb. 4).[37] Darstellungen von weiblichen Körpern und Bisons finden sich häufig kombiniert, so dass Leroi-Gourhan von 'Bisonfrauen' sprach. Linien- und Formelemente von Mensch und Natur haben bei den Frühmenschen gleiche Assoziationen hervorgerufen. Es geht also um genau das, was Pierce herausgestellt hat, das Figurative, Ikonische, das Bild-Wirkende, die Textur vergleichbarer Linien. Ganz anders als die diesseitig triumphierenden göttlichen Frauen mit oder ohne Bison, haben die späteren männn-

---

[37] Der Spiegel, Nr. 14 (1972), Bericht über A. Leroi-Gourhan: "Prähistorische Kunst". Verlag Herder, 604 Seiten

lich-väterlichen Kollegen das Regierungszentrum ins Jenseits verlagert (um ihren Egoismus zu verdecken ?).

Die beiden Autoren, Graeber und Wengrow erwähnen, dass Wesentliches aus diesen matrilinearen Gesellschaften nur selten gesichert verbürgt ist, beschreiben aber doch den weiblich-mütterlichen Innana- oder Ishtar-Kult, in dem eine Schar junger, nackter Männer zum Tempel der Göttin marschieren. Ihnen voran geht ein ‚Iugal‘ genannter, schlanker, größerer Mann, der auch in assyrischen Texten erwähnt wird und der gut zur Adonis Figur, zum König gleichen Reshek und dem Sohn Geliebten passen würde. Vielleicht sollen die mitwandernden Jungs der Göttin geweiht werden, während der ‚Iugal‘, was die dominanten Frauen, speziell die Domina im Sexstudio, ja oft verwehren, mit ihr einen ganz normalen, gesitteten Liebesakt hatte oder auch nicht.

Die muttergöttliche Frau wie etwa die orientalische Ishtar, war nicht wie die oben erwähnte Domina eine autoritätslose Spaßfigur.[38] Sie hatte, wie gesagt, zwar keine Exekutivmacht, war aber auch kein quergestrichenes A, sondern eines in seiner auch von der Ausstrahlung des Vaterprinzips in der Fülle der Natur gestützten A. Und doch brauchte sie das ‚Mehrlust‘-Objekt genau in dieser Form der schlanken und ranken Adonis gleichen jungen Männer, die eben zu Königen aufgemotzt wurden. Immerhin war sie schon diesen Baby süchtigen Müttern, die nur mit den ganz kleinen Kindern etwas

---

[38] Ihr männlicher Kunde gibt ihr S_1, seine ‚herrensignifikante Stimme‘ ab, die ihr zur Ausübung ihres Berufs völlig genügt.

anfangen können, entwachsen, aber von den üblichen Männern fühlten sie sich nicht befriedigt. Diese Alltagsmänner konnten ihrem Ganzheitsanspruch genauso wenig genügen, wie die gewöhnlichen Männer dem Liebesanspruch der meisten Frauen auch heute noch nicht zufriedenstellend entsprechen können. Vom Mann aus gesehen heißt es ja oft: um nur einer zu genügen, reicht das Leben meist nicht aus.

Obwohl der Ganzheits- und vor allem der Schönheitsanspruch der Ishtar durch das königliche Attribut (wie bei der Figur des Reshek mit seinem Königshut zu sehen) doch annähernd erfüllt war, hätte sie wohl gerne einen reiferen und weisen Herrn, nicht nur einen Softie mit Hut, sondern einen König mit staatsmännischen Kenntnissen, an ihrer Seite gehabt? Einen, der ihr all diese Beziehungen und Verhältnisse im vorderen Orient hätte interpretieren, also – um einen Vergleich zum Psychoanalytiker zu ziehen – vollauf hätte symbolisieren können. Mit dem sie zusammen hätte Eins sein können, Eins ohne Sex, ohne die ‚Mehrlust'-Objekte, oder, wie bei Foucault gesagt, nur mit einem „Sex ohne Gesetz" als der zweiten Grundkraft, die also ohne die üblichen vorgefassten Regularien des Hetero-, Homo-, Trans-, kurz der HLGBTQISM. . . Etikette auskommt. Einen solchen gab es aber nicht, doch indem man den Adonis gleichen Mann wie Reshek wenigstens zum Marionetten-König machte, ihm einen Krönungshut aufsetzte und ihm wahrscheinlich auch mit dem entsprechenden Titel ausstattete, kam man der Idealfigur doch etwas nahe.

Es ist ganz klar: es fehlt die Ausstrahlung des prinzipiellen Vaters, die imaginär-symbolische Übertragung von Φ, der Insignien des wahren Begehrens, was eine heterogene Partnerschaft auf gleicher Ebene ermöglicht hätte. So musste über kurz oder lang die aufstrebende Intellektualität der Griechen dieser matriarchalen, wild-mythischen Geschichte die von Ödipus gezeichnete Saga als etwas Fortschrittliches entgegengesetzt werden. In dieser Saga wird aus der Muttergöttin zwar diffamierender Weise eine männerfressende Sphinx, aber der griechische Königssohn Ödipus kann ihr nunmehr ein bisschen Paroli bieten. Er weiß, dass sie eine phallisch verbrämte Ikone ist, und kann so ihr Rätsel lösen. Der Sohn-Gemahl schien abgeschafft, als Ödipus die Sphinx zu Fall brachte, indem er in ihr im Vorausgriff zur Psychoanalyse Aspekte der sogenannten ‚phallischen Mutter‘ erkannte.[39]

Später aber scheitert Ödipus dann doch noch bei der scheinbar universellen Frau, die schön, reich, königlich und göttlich zugleich ist, bei der Überfrau also, Iokaste, die, weil sie zudem auch noch seine Mutter war, wieder zum Matriarchat und dem Sohn-Gemahl-Komplex zurückführte. Die matrilineare Naturerotik war hinsichtlich Φ, dieses Begehrenssymbols, immer noch stärker als der

---

[39] Die Geschichte von dem Wesen, das morgens vier, mittags zwei und abends drei Gliedmaßen hat, ist nicht nur der Mensch, wie viel zu simpel und kindlich gesagt wird. Das dritte Glied weist vielmehr symbolisch auf den Phallus hin, wie Psychoanalytiker die Dramatik erklären.

männlich-väterliche Kulturanspruch. Daran haben in der Folge sogenannte Patriarchate, die eigentlich immer Andriarchate, Männerherrschaften, waren, nichts geändert.

Eine Spezialistin für die ursprünglichere, matriarchale Version sowohl in den Mythen wie auch im Unbewussten des modernen Menschen findet sich nun tatsächlich in der Psychoanalytikerin Judith Le Soldat, die Freuds Theorie umgedreht und ins extrem Erotisch-Aggressive hin ausgelotet hat. Makaber und kurios beschreibt sie, dass nicht der Ödipuskomplex und die Kastrationsangst die zentralen Elemente der Freud'schen Therapie sind. Vielmehr steht die zwischen der Mords-Eifersucht gegenüber dem Vater und der Eros-Verliebtheit zur Mutter die bereits in der Ödipus Sage als drastisch beschriebene und gerade erwähnte Sphinx im Mittelpunkt.

Auch sie ist Abkömmling der mesopotamischen Mythen, ist die absolute intersexuelle Figur, die zusätzlich noch chimärischen Charakter hat.[40] Freud, so Le Soldat, habe sich mit der Ödipus Geschichte nur eine Ausrede, eine psychische Abwehr verschafft. So hat sie Freuds Traum von ‚Irmas Injektion‘, den Freud als denjenigen Traum bezeichnete, der ihm das Wesen des Traums enthüllte, als von ihm selbst falsch gedeutet analysiert.[41] Viel zu sehr hätte Freud nur die libidinösen Seiten seines Trau-

---

[40] Le Soldat, J., Eine Theorie menschlichen Unglücks, Trieb, Schuld, Phantasie, Fischer Sozialwissenschaft (1994)
[41] Le Soldat, J., Eine Theorie menschlichen Unglücks, Fischer (1994)

mes beschrieben, die aggressiven aber nicht erwähnt. Denn der Satz Freuds in diesem für die Psychoanalyse so wichtigen Traum: „Irma, die ich sofort *beiseite nehme, um* . . . ", würde bedeuten, dass Freud hier jemand *beseitigen* wollte, und zwar nicht Irma, sondern sein bereits erwartetes sechstes Kind, das es anscheinend nicht mehr wirklich gebraucht hätte.

Nun ändert dies nichts am Wert der Freud'schen Entdeckung, und so muss an diesem Punkt K. Marx erneut erwähnt werden, der grundsätzlich den Rückgriff auf die Antike (Ödipus- oder Adonis-Sage) zur Interpretation moderner menschlicher Verhältnisse für Humbug hielt. Wie der Historiker H. Münkler in seinem letzten Buch ‚Marx, Wagner, Nietzsche' herausstellte, sah Marx weit voraus, dass die Menschheitsgeschichte sich in Zukunft in wirtschaftlicher und gesellschaftlicher Form global entwickeln würde, und in einer globalisierten Welt kann man nichts mehr mit der griechischen Sphinx oder der mesopotamischen Ishtar anfangen.[42] Für die nunmehr global gewordene Ökonomie, Sozialkunde und Tiefenpsychologie seien sie untauglich, „die Industrialisierung Westeuropas und der rasante sozioökonomische Wandel hätten derartige Versuche zum Scheitern verurteilt," so Münkler. Nun war Marx diesbezüglich etwas zu einseitig, denn, wie Münkler schreibt, war er fixiert darauf, ein Buch für den kleinen Mann und die sozialistischen Glaubensbrüder zu schreiben. Er wollte speziell ihnen zeigen,

---

[42] Münkler, H., Marx, Wagner, Nietzsche', (2021) Kap. 2 und S. 548

dass die Religion abgeschafft gehöre und das Entscheidende für eine positive Zukunft ausschließlich in der Entwicklung der Produktivkräfte und der Entfetischisierung der Warenwelt läge.

Schließlich verfestigte sich bei Marx der Gedanke an die ‚Charaktermasken', die die Eigentümer von Produktionsmitteln, geldgierige Rentiers und Leute die vom Kapitalzinsen leben an sich hätten. Aber auch die, die nur ihre Arbeitskraft verkaufen, nehmen mit der Zeit solch eine Maske an. Die einen werden zu Prahlhansen, die andren zu Duckmäusern – von neurotischen Charakteren wird bei Marx nicht gesprochen. Nicht nur, dass das gesellschaftliche Sein das Bewusstsein bestimme, war Marx bekannte Hauptthese, sondern auch, dass der psycho-sozio-ökonomische Zwang falsche Charaktere bilden würde, stand bei Marx im Vordergrund. Und so war vielleicht gar nicht mehr der ‚Warenfetisch' das Ikon der Marx'schen Philosophie, sondern sein Konterfei, sein wallendes Haupt, das jeder schon hundert Mal irgendwo abgelichtet gesehen hat, so wie später auch das von Che Guevara zu Φ-Ikone wurde.

Doch für seine berechtigte Kritik an der Kapitalverzinsung hätte Marx sich vielleicht ein anderes Publikum als die sozialistischen Glaubensbrüder aussuchen sollen, zum Beispiel die Intellektuellen, also so einen wie Nietzsche, der die Antike schätzte, auch wenn er zum Adonis Kult nur wenig beitrug. Immerhin soll er dahingehend argumentiert haben, dass „das *Christentum* als Voraussetzung den Aphrodite- und *Adonis-Kult* habe, um den *christlichen* Liebesgedanken auszudrücken."[43] Das klingt religiös makaber und kulturhistorisch sonderbar, habe ich doch diesen Kult als muttergöttliche Urerotik beschrieben, die neben ihren Ekstasen mit ihrem Gebrauch junger Männer und eventuell auch mit einer Art von sakraler Prostitution brillierte.[44] Aber völlig Unrecht hatte Nietzsche nicht, der ganze Kult stellt auch eine Art rasender Liebesbessenheit als perfektes Ikon, als rauschhaftes Bild-Blick-Wirkendes dar. Nietzsche wollte ja Apollon und Dionysos in ‚Ein(s)' zusammenbringen, aber dass daraus Jesus würde, kann man wohl wiederum nicht ganz nachempfinden.

Marx aber hätte von all diesen Kenntnissen profitieren können, weil ihm dann vielleicht eine bessere Argumentation als die kommunistische eingefallen wäre. Der intellektuellen statt der sozialistischen Personengruppe gegenüber hätte er den Arbeiter gut mit dem hinsichtlich seiner Schönheit ausgebeuteten Adonis vergleichen können. Waren diese jungen Männer nicht so wie die Arbeitskraft eine muskuläre, sondern eine erotische und ästhetische Ware, die in der unterschiedlichen Verwendung von Tausch- und Gebrauchswert nicht gerecht behandelt wurden? Der Arbeiter erarbeitet einen höheren Gebrauchswert als den Tauschwert seiner Arbeitskraft, heißt es bei Marx: Hieraus zieht der Kapitalist den Profit

---

[43] Wagner, R., Des Übermenschen Schönheit kam zu mir als Schatten, BoD (2015)
[44] Friese, W., Geliebter Gott oder göttlicher Geliebter, Adoniskult im Schatten der Aphrodite, www.academia.edu

– meist zum Nachteil des Arbeiters. Der Adonis gleiche Mann stellt einen hohen Gebrauchswert dar, denn nur mit ihm konnte die Müttergöttin gleiche Frau ihr Prestige erhalten. Sein Tauschwert lag aber mit dem der Alltags gleichen Männern auf der gleichen Ebene.

Auf jeden Fall ist Graeber/Wengrows Buch mit seinen über 600 Seiten und 500 Literaturangaben eine wertvolle Fundgrube zum Vergleich mit heutigen Gesellschaften. Die Erkenntnisse der beiden Autoren führen diese frühsteinzeitlichen Kulturen zu einer Diskussion um den gesellschaftlichen Mehrwert, der sich bei Marx schon durch die Produktion, aber auch durch die Weiterverhandlung der Ware, übermäßig steigert. Im Matriarchat steigert er sich in Form des Gewinns an Ansehen, des Schönen und des genannten amourösen und erotischen Übertragungsvorgangs. Kurz: nicht nur Ishtar, auch Marx fehlte die von Freud so favorisierte Vater-Metapher, der „Vater der Vorzeit", wie er ihn nannte, Lacans „logische Struktur" als wissenschaftlicher Angelpunkt der Psychoanalyse. Marx hatte den Ödipuskomplex noch nicht ganz überwunden, er wollte es der Mutter all dieser armen und unterdrückten Kinder recht machen. Selbst in seiner zu großer Höhe gesteigerten Lexikalität konnte er die Rivalität zum kapitalistischen Φ-ausstrahlenden Arbeitgeber-Vater nicht ganz überwinden.

Egal, so spannend all diese matriarchalen und marxistischen Geschichten und auch Le Soldats Argumente zu lesen sind, eine psychoanalytische Therapie kann man daraus nicht machen. Aber als theoretischer Beitrag sind all die geschilderten Überlegungen wertvoll, und können auf jeden Fall diese früh-strukturierten Komplexe den von Freud festgelegten Unterschied von Verdrängung und Ur-Verdrängung besser erklären. Freud nimmt eine erste Verdrängung als Ausgangspunkt aller späteren Verdrängungen an und behauptet, diese Ur-Verdrängung bleibt immer unbewusst, sie kann nicht zur therapeutischen Zwecken angegangen werden. Inzest und kannibalische, ur-mörderische, schizoid-paranoischen Tendenzen sind zu krass ins Unbewusste verdrängte Strebungen, die nicht in den Therapieprozess einbezogen werden können. Sie können auch gar nicht ganz einbezogen werden, denn eine Konfrontation damit wäre viel zu traumatisch.

Und dennoch gibt es einen Weg, eben den, der mehr vom Bild-Wirkenden, Ikonischen ausgeht und der sozusagen darüber hinwegblickt, aber auch die sublimierenden Kräfte freisetzt, die dazu notwendig sind. Freud beginnt diesen Sachverhalt mit dem Begriff der ‚Wahrnehmungsidentität' auszudrücken. Der ursprüngliche, nicht mehr instinktgeregelte, herumirrende Blick, das reine Bild-Blick-Wirkende, verschmilzt sofort mit dem Gesehenen, stellt also ein Bild der Ich-Identität dar, ein noch fast blindes Freud'sches ‚Ideal-Ich', das eben nur in Verbindung mit dem Wort-Wirkenden, in Form des nunmehr ‚Ich-Ideal' Genannten, Wesenhaftigkeit erreicht und existieren kann. Im ‚Ideal-Ich' sieht man sich noch mit dem „Glanz im Mutterauge" (H. Kohut) verbunden und verschmolzen, während das ‚Ich-Ideal' dann damit zu tun hat, wie man sich im Auge der Gemeinschaft, der sozialen Beziehungen ,idealerweise' sehen kann.[45] Sehen (Bild-Wirkendes) ist Sein, so oder so, während das Wort-Wirkende der ideale, ja idealisierte Begleiter durchs Leben ist.

Kurz: man muss es machen wie Dante es in seiner ,Göttlichen Komödie' getan hat, indem er in alle Welten, selbst in die Hölle hineinsieht (Bild-Wirkendes, herumirrender Blick, ,Ideal-Ich'), dazu aber einen sprachgewandten Helfer und Begleiter engagiert, der durch Himmel und Hölle, zu Verrücktheiten und Perversionen führt, den Dichter Vergil (Wort-Wirkendes, Ich-Ideal). Im Verfahren der *Analytische Psychokatharsis* sind es die *Formel-Worte*, die diese Führung übernehmen, weil sie einerseits an der Mathematik angelehnt rein bildhaft F o r m a l e s, abstrakt Bild-Wirkendes beinhalten, andererseits gleichzeitig schon Worthaftes, Wort-Wirkendes vermitteln. Denn sie entlocken dem Unbewussten die Worte, die dem bewussten Leben fehlen. Sie ersetzen noch viel besser Freuds Urvater und sogar Lacans ,logische Struktur'.

Denn sie sind bildhafte, formale Wort-Flüsterer, die nichts suggerieren, aber zur Enthüllung helfen, und das ist das Wichtigste in der Psychoanalyse. Ich habe schon anfangs eine derartige Formulierung abgebildet (Seite 20), die aus der lateinischen Sprache entnommen im Kreis geschrieben ist, und deren inneres Wesen aus einer Überlappung von mehreren Bedeutungen besteht. Mit

---

[45] Ruhs, A. Das unbewusste Sehen, Löcker Verlag (1989) S. 12.

diesem Verfahren wird freilich ebenfalls nicht blind auf die frühen Ur-Traumata und der damit verbundenen Ur-Verdrängung unmittelbar zurückgegriffen, aber man kann sie mit Hilfe der wissenschaftlich begründeten *Formel-Worte* in der Meditation in ihrer Spiegelung sehen, man kann sie so gesichert an sich herankommen lassen, dass man authentisch verstehen kann, wie sie die Grenze des Erfahrbaren und Erträglichen darstellen. Sie sind die perfekten Textur/Texte. Zieht man sich vom Körperbewusstsein zurück und erreicht das, was man ein Körperbild, also ein ‚Distanzbild' körperhafter Art, eine dennoch wahrnehmbare Abstraktion, eine Gegenüberdarstellung des eigenen Psychoorganismus, nennt, befindet man sich in dem gleichen Schwebezustand, der der von Freud so genannten ‚gleichschwebenden Aufmerksamkeit' völlig entspricht und in dem die Wahrheit hörbar wird.

In der herkömmlichen Psychoanalyse muss sich der Therapeut in diesem Zustand begeben, in dem von mir inaugurierten Verfahren der *Analytischen Psychokatharsis* tut dies aber der Proband, der Übende, der Patient, egal wer es ist. Damit wird er ganz ins Subjekt mit hereingeholt, wo er auf seine ‚Distanzbilder', Körperbilder,[46] sein Bild-Wirkendes, in fast unmittelbarer Weise trifft, aber auch genauso unmittelbar etwas von seinen verdrängten Gedanken, Wort-Wirkendem, erfährt. Hier

---

[46] Die von der Psychoanalytikerin F. Dolto begründeten Körperbilder stellen genau ein Beispiel für die projektive Geometrie dar. Etwas vom Körper wird ins Unbewusste projiziert.

kommt es jetzt darauf an, dass er beide – nur durch das Üben – in eine gute, gelungene, gereifte Kombination bringt, denn letztlich wird es darauf ankommen, wie weit eine Einheit des Subjekts mit sich selbst dadurch erreicht werden kann.

Darin wird endgültig die ‚logische Selbststruktur' in Richtung des *Formel-Wort*-Flüsterers geöffnet. Freud postierte den Urvater Moses an diesen Platz, Lacan hat sich – wie gesagt – dort der ‚logischen Struktur' als dem Eckpfeiler der Theorie zugewandt. Schon Freud meinte, dass die Psychoanalyse als Therapie gar nicht so hilfreich sei, sie tauge mehr zur theoretischen Wahrheitsfindung. Der Patient überträgt auf den Therapeuten Bedeutungen von früheren oder anderen Beziehungen, die Letzterer dann aus dieser Bezogenheit heraus deutend beantwortet. In einer Art Gegenreaktion, Gegenübertragung gibt er aber auch eine „imaginäre Antwort", d. h. eine gespürte, erfundene und so eher meist störende Vermittlung. Mit dadurch wird die analytische Psychotherapie meist umständlich und langwierig. In der *Analytischen Psychokatharsis* wird dieser Vorgang bild-wirkend direkter gestaltet, wodurch die oben genannte Einheit des Subjekts einfacher erreicht wird.

4. Mann und Frau

Von feministischer Seite her wird bemängelt, dass das Alte Testament von Männern geschrieben wurde, die die Frau aus einer Rippe von Adam haben entstehen lassen, um, als Rechtfertigung für deren Unterdrückung, sie als minderwertig hinzustellen. Trotzdem sind sie ja beide, Adam und Eva, aus dem Paradies vertrieben worden. Man kann sich das Ganze nur so erklären, dass diese Männer eigentlich Besessene waren, religiös Exaltierte, paranoisch Spirituelle, die nicht nur oder nicht so sehr von ihrer Männlichkeit ausgingen, als vielmehr vom Blick nach rückwärts, hin zu einem Urahn, Urvater, Freuds Vorzeit-Vater. Natürlich hatten sie noch keinen Zugang zu der gerade oben erwähnten ‚logischen Struktur'. Aber auch dies erschien mir ja zu wenig, weshalb ich an dieser Stelle den Formel-Wort-Flüsterer einsetzen werde.

Doch vorerst nochmals zu Lacan, der das Wesentliche seiner Erkenntnisse in seinem XVI. Seminar folgendermaßen formulierte: Die konstituierenden Wahrheiten, die die Psychoanalyse in ihr Feld einbringt, würden darin bestehen, „dass es keine Vereinigung von Mann und Frau gibt, a) ohne dass die Kastration nicht in Gestalt des Phantasmas (der unbewussten Phantasie) die Realität des Partners festlegt, bei dem sie unmöglich ist [also bei der Frau], b) ohne dass sie, die Kastration, nicht in jener Art Hehlerei fungiert, welche sie als Wahrheit bei dem Partner aufstellt, dem sie . . realiter erspart bleibt

[beim Mann].“[47] Vereinfacht ausgedrückt: in der Psychoanalyse gilt die Frau zwar nicht direkt als kastrierter
Mann, aber sie zieht sich diese ungute Geschichte meist
tatsächlich irgendwie an, weil sie das ihr eigene, autochthone Genießen nicht schätzt. Sie hält dadurch den Mann
in einer Ungewissheit, ob sie ihn nicht vielleicht doch
mitten im Liebessakt fallen lassen wird. Anders gesagt:
„Die Frau lebt nicht vom Brot allein, sondern auch von
ihrer Kastration – dies an die Adresse der Vertreter des
männlichen Geschlechts. Danach führen sie ein umso
gesicherteres Leben.“[43] Na ja, sagt das alles?

Mann und Frau, beide leiden wohl an einem Kastrations-
komplex, und sie tun dies nicht absichtlich, sondern unbewusst, eben weil es keine schon von vornherein anzu-
nehmende Harmonie der Geschlechter gibt und Mann
und Frau somit einem ständigen Experimentieren ausgesetzt sind, das bisher noch nirgendwo total glücklich
ausgegangen ist. Beide sind also nicht frech genug, sich
alles zu sagen, was sie denken und empfinden. Deswegen
hat man irgendwann das Alte Testament geschrieben und
einfach das Patriarchat etabliert, das die Regeln durch-
strukturiert, festlegt, fertig. Man hat die Ehe etabliert,
was vielleicht für Jahrtausende immer noch der beste
Kompromiss war, um der Differenz Mann / Frau ein
einigermaßen funktionierendes Gesicht zu geben.

Nun existiert ja schon seit geraumer Zeit eine Diskussion
darüber, ob es nicht mehr als zwei Geschlechter gibt.

---

[47] Lacan, J., Seminar XVI, Turia & Kant (2022), S. 10 und 44

Erst vor kurzen sollte die Biologie-Doktorandin M.-L.
Vollbrecht an der Berliner Humboldt Universität einen
Vortrag darüber halten. Doch als im vornhinein bekannt
wurde, dass sie kategorisch konstatierte, dass es grundsätzlich nur zwei Geschlechter gäbe, und der Versuch
daneben völlig gleichberechtigt weitere queere Ge-
schlechtsidentitäten zu etablieren, absurd wäre, gab es in
der von mir schon erwähnten LGBTQI Community einer
markerschütternden Aufschrei. Die Universität sah sich
daher gezwungen, den Vortrag abzusagen. Er hätte zu
große Unruhen ausgelöst, vielleicht Polizeieinsatz erfor-
dert. Nun eskalierte die Sache in all den heute bekannten
Informationskanälen weiter und weiter.

Vollbrecht argumentierte, dass freilich die Transgender
Identitäten sozial und psychologisch gerechtfertigt sind,
aber eben nicht wissenschaftlich essentiell seien. Von
neurowissenschaftlicher Seite her existieren unterschiedliche Auffassungen, ob nicht ein männliches oder weibliches Gehirn einen unveränderlichen Einfluss auf die
diskutierten sexuellen Identitäten hat. Aber ich habe ja
schon Betont: wir sind nicht das Gehirn! Mit den Begriff
Gender sollen jedoch definitiv weitere Geschlechter als
essentiell gleichberechtigt anerkannt werden, denn wenn
auch biologisch anders ist man bestimmt von der anderen
Identität, und mit operativen und hormonellen Verände-
rungen könnte eine in jeder Hinsicht bestätigte andere
Geschlechtlichkeit erreicht werden. Nun kann die Transfrau keine Kinder gebären, aber das kommt ja auch bei
normalen Frauen vor, die sich dann evtl. eine Leihmutter

nehmen oder Kinder adoptieren, um diesen Mangel auszugleichen. Auch der Transmann kann keine zeugen.

Gut, vielleicht ist man heute noch nicht so weit, der Transfrau ein Ovar und einen Uterus zu implantieren, man müsste dann allerdings immunitätshemmende Medikamente dazu nehmen, und die Kinder wären auch nicht die eigenen. Aber auch das ließe sich sicher eines Tages lösen, wo also liegt das Problem? Ich denke, man muss davon ausgehen, dass es neben der Geschlechtsproblematik ja auch noch eine Generationsproblematik gibt. Geschlechtsidentität, sexuelle Identität stellt eine horizontale Achse dar, die im sozialen, psychologischen und sicher auch noch bestimmten, definitiven Bereichen eine entscheidende Rolle spielt. Aber die generationelle Identität spielt ebenfalls in allen Kategorien eine große Rolle. Auf den Kreuzungspunkt der beiden Achsen kommt es an.

Kann nicht dazu von der Psychoanalyse her eine Klärung kommen? Ich habe doch schon im ersten Kapitel von dem Dreieck Vater-Mutter-Kind gesprochen, und auch davon, dass als Viertes Φ, das Symbol des Begehrens eine entscheidende Mitfunktion im Geschehen hat. Der ‚kleine Hans‘ hat sich noch von der Mutter zurückziehen und noch so viel Virilität erlernen können, so dass er später – wenn auch etwas gehemmt wie Freud und Lacan meinten – die übliche heterosexuelle Richtung eingeschlagen hat. Er hätte aber bei einer noch ausgeprägter dominanten Mutter auch homosexuell und später vielleicht sogar auch transsexuell werden können. Aber das hieße auch, dass er den Ödipuskomplex nicht korrekt verlassen hätte – oder ist das vielleicht gar nicht unbedingt das schlimmste Problem? Vielleicht nicht für die Geschlechtsproblematik, aber wie sieht es für den Generationskonflikt und den Vater-Signifikanten aus, der ja diese ominöse Φ-betonte Ausstrahlung hat?

Man muss den Schwerpunkt nicht unbedingt auf die Ausstrahlung des Vaters setzen, man kann genauso gut von der Offenheit, Empfänglichkeit und Sensibilität bei der Mutter sprechen, deren Weiblichkeit (Ψ) schon entschlossen ist, auf Φ zu antworten bzw. ihm zu entsprechen. Das ist es ja gerade, was Freud gefunden hat: das Unbewusste und seine Textur/Text-Struktur, Lacans Anderer, der strukturiert ist w i e eine Sprache, das Primat des Begehrens zwischen Vater und Mutter, dem das Ehegelöbnis ja nur zusätzlich ein staatliches Etikett aufklebt, auch wenn sich die Mehrheit auch noch daran hält. Ist damit nicht garantiert, dass das drei bis fünf Jahre alte Kind nach Abschluss des Ödipuskomplexes sein biologisches Geschlecht akzeptiert hat, und zwar eben nicht wegen der Biologie all der Beteiligten, sondern wegen der Textur/Text-Struktur, in die Vater, Mutter und Kind einbezogen sind?

Wenn das Kind sein biologisches Geschlecht samt dessen Orientierung nicht akzeptiert hat, ist es eben in der narzisstischen, präödipalen, reinen Spiegelung (Zweier-Symmetrie mit der Mutter) verblieben, was ihm neurotische, psychotische, perverse und andere Probleme einbringen wird. Die psychoanalytischen Wahrheiten liegen zwischen biologischem Sex und sozialem Gender und könnten so auch das Problem all der Queerness-Orientierungen lösen helfen. Die Funktion des Vaters als prinzipiellen, als ‚logischem Strukturalisten‘, als dem großen A Lacans, hat eben doch etwas mitzureden. Um seine Identität als solche zu bewahren, kann er nicht alles grenzenlos hinnehmen, was die Menschen sich an Identitäten zuschreiben. Er muss das Biologische nicht so betont bewerten, wie es Frau Vollbrecht getan hat, er kann auch die Faschingsveranstaltungen des Christopher Street Days wohlwollend betrachten, aber er will auch nicht verspottet werden wie der Vater des ‚kleinen Hans‘, der nicht fähig war, dem Sohn das Ehebett zu verweigern und die Beziehung zu seiner Frau aufrecht zu erhalten (die Eltern ließen sich später scheiden). Aber was solls!

Der schwule Schriftsteller E. Louis, Freund des durch sein Buch ‚Rückkehr nach Reims‘ bekannt gewordenen Philosophen D. Eribon, hat seiner Mutter eine ausführliche Hommage gewidmet. Er hat sie für ihren Kampf gegen den wütenden und oft alkoholisierten Vater warmherzig und wie manche Rezensenten meinten ‚empathisch‘ gelobt.[48] Doch die Rezensentin Mara Delius ist geteilter Meinung wie bei Perlentaucher zu lesen ist. Sie meint „bei Louis verschwinden die berührenden Momente der Erinnerung hinter der "Theoriesprechversessenheit" des Autors und seiner uneindeutigen Gesellschaftskritik. Das intime Mutterporträt wird so zur "Soziologie-

---

[48] Louis, È., Die Freiheit einer Frau, Fischer Verlag (2021)

dichtung," die vielleicht auch den Zweck hat, die Mutter damit zu versöhnen, dass sie nie Enkelkinder haben wird (was keine homophobe, sondern eine homokritische Bemerkung von mir ist). Meine Güte, das ist wohl so, und kann nur anders werden, wenn es der queeren Community gelingt, politisch mehr Einfluss zu gewinnen.

Dann könnte sie nämlich den Vater zurückstufen, so wie es im Matriarchat der Fall war, aber auch für das Paar Adam und Eva zutraf. Ich habe in der Geschichte der beiden nur vergessen zu sagen, dass sie in die Spiegelung **a** – **a'** (Liebe / Hass) tief verstrickt waren so wie die Muttergöttinnen mit ihren Adonissen und dass die Vaterfigur, bzw. dessen Prinzip, Signifikant, sich entweder in bösen Herrenmenschen oder Kasperlfiguren aufgeteilt haben. Vaters Signifikant Φ ist kein Spaßobjekt, aber auch nicht das Zepter der Unterdrückung, sondern der Signifikant, der kein Signifikat hat und daher den universellen Diskurs stets umrühren, neu verschachteln, und wissenschaftlich aufwerten kann.

„Der bloße Erinnerungsruf [an das Problem Mann und Frau und deren Kastrationskomplex] impliziert, dass zumindest in dem Feld, welches augenscheinlich das unsere ist [die Psychoanalyse], keinerlei Harmonie wie auch immer sie zu bezeichnen wäre, in irgendeiner Weise eingerichtet ist" Und so nötigt sich der Psychoanalyse ein bestimmtes Vorhaben auf, nämlich „das eines Diskurses, der der Thematik angemessen wäre.[47] Und wie genau sollte das sein? Es sollte ein Diskurs, also eine Sprechweise, eine bestimmte Art sich auszudrücken sein, und zwar „der aus sich selbst heraus gesicherte Diskurs, der, indem er sich auf ein Kriterium gründet, welches das Denken an seinem eigenen Maß nähme, den Titel *episteme*, die Wissenschaft, zu tragen verdiente." Als Wissenschaft v o m Subjekt, denn eine Naturwissenschaft und auch eine Geisteswissenschaft der Beziehung von Mann und Frau existiert nicht und ist wohl auch nicht möglich. Man sollte Mann und Frau nicht vorwiegend als Geschlechtswesen ansehen, sondern als Subjekte, denen man außerhalb der Ehe noch ein weiteres Statut geben könnte, das Geltung beanspruchen würde. Zum Beispiel das einer Beziehung ohne Sex.

Es gab tatsächlich einmal einen Autor, der ein Buch schrieb mit dem Titel ‚Die zölibatäre Ehe'. Eine Kühnheit, aber auch Dummheit! Es gibt sogar mehrere solcher Pamphlete, wie ich mich im Internet informieren konnte. Nun ja, eines handelt sogar von einem buddhistischen Mönch und einer Nonne, die beide in ihrem Orden Enthaltsamkeit geschworen haben, sich verliebten und – nolens volens – ihren religiösen Status nicht aufgeben wollten. So waren sie ein irgendwie stilisiertes, geistvoll gekünsteltes Paar ohne Sex. Aber wenn man einmal mit dem umfangreicheren Denken angefangen hat, tut man sich mit solch martialischen Verpflichtungen schwer.

Schließlich „werden wir bei dem Vorhaben, das Denken mit sich selbst in Übereinstimmung zu bringen, zu größerer Vorsicht genötigt und sei es zunächst nur durch die Herausforderung, die ich eben als diejenige bezeichnet habe, die von der Wahrheit an das Reale gerichtet wird.

Eine Regel des Denkens, die sich des Nicht-Denkens zu versichern hat, als dem, was seine Ursache sein kann – das ist das, dem wir beim Begriff des Unbewussten gegenüberstehen."[49] Heißt das nicht, dass das Denken üblicherweise dem Wort-Wirkenden zugehört, das Nicht-Denken aber vom Bild-Wirkenden herkommt, mit dem eben für die Psychoanalytiker nichts Richtiges anfangen können?

Nun geht es bei Lacan nicht wie bei Descartes um ein Ich, das denkt zu sein, sondern um ein Sein im Unbewussten, um das für das Psychische wesentliche, unbewusste Sein, „das von seinen Worten her außerhalb des Sinns ist." Es handelt sich – so würde ich es sagen – um ein Denken ohne Ich, um ein Subjekt ohne Kopf. „Als Denken existiere ich nicht – wie man sich vorstellt und wie es die gesamte Phänomenologie annimmt – vom Sinn her. Mein Denken lässt sich nicht nach meinem Belieben regulieren, es wird geregelt. In meinem Diskurs versuche ich nicht es auszudrücken, sondern es zu verursachen, ich habe nicht seiner Regel zu folgen, sondern seine Ursache zu finden. . . . Das Sein des Denkens ist die Ursache eines Denkens, insofern es außerhalb des Sinns ist. Es war bereits – und das immer schon – das Sein eines früheren Denkens." Ziemlich kryptisch, aber vielleicht doch wahr.

Mich erinnern diese Bemerkungen Lacans zumindest an den Psychologen M. Epstein und sein Buch ‚Gedanken

---

[49] Lacan, J., Seminar XVI (2006) S. 13

ohne den Denker',[50] oder an die Mathematiker, die von einem „Denken in Erwartungen", oder einem „Denken in Strukturen" sprechen.[51] Ich erwähne all diese Zusammenhänge, weil es in diesem Buch reichlich um diese zwei Arten des Denkens gehen wird, die sich auch auf die zwei Arten der für die Psychoanalyse wichtigen Grundkräfte gehen beziehen: Schau- und Sprechtrieb.

Ich nenne sie – wie schon mehrfach angedeutet – das Bild-Wort-Wirkende, Textur und Text (Lacans imaginäre und verbale Signifikanten, Es *Strahlt* und *Spricht*). Diese beiden Kräfte, Triebe, sind wie Mann und Frau nicht gut vereint und – nach Auffassung der herkömmlichen und klassischen Psychoanalyse auch ebenso wieder nie ganz zusammenzuführen. So ergeht es einem sogar mit allem Grundsätzlichen, mit Geist und Materie, mit Kultur und Natur, ja auch mit der Quantenmechanik (Physik des ganz Kleinen) und der Relativitätstheorie (Physik des ganz Großen), dass sie nicht richtig unifiziert, vereint werden können. Auch mit dem Bewussten und Unbewussten scheint die Unifizierung nicht voll zu funktionieren. Also wo dann überhaupt?

---

[50] Epstein, M., Gedanken ohne den Denker, das Wechselspiel von Buddhismus und Psychotherapie, Fischer (1998)
[51] Basiere, P., Die Welt als Roulette, Denken in Erwartungen, Rowohlt (1995), und: Die Architektur der Mathematik, Denken in Strukturen, Rowohlt (2000). Ich will aber hier gleich betonen, dass mein Gebrauch der Konjekturalwissenschaft nicht so ausufernd mathematisch, sondern viel kompakter und lebensnäher ist und daher keine zu sehr theoretischen Spezialkenntnisse welcher Art auch immer nötig sind.

Ich gehe davon aus, dass die Unifizierung, die Einswer-
dung, die Vereinung als solche möglich ist, wenn sie sich
in jedem Einzelnen, in jedem menschlichen Subjekt, im
Kollektiv des Individuums sozusagen, durch eigene
Übungen ereignen kann. Bei all dem, was heute geschrieben und gedacht wird, niemand liefert die Praxis
mit, die für diesen ganzen Denkkram und Seinskram
notwendig ist. Eine Unze Praxis – heißt es doch auch –
ist mehr wert als eine Tonne Theorien. Diese Einswer-
dung, Vereinung gelingt in der Übung der *Analytischen
Psychokatharsis* nicht nur dadurch, dass sie praktisch
übend vorgeht, sondern auch dadurch, dass sie den Übergang, die Transition vom bild-wirkenden *Strahlt*, von der
Katharsis einer ersten Übung, direkt ins Wort-Wirkende
einer zweiten Übung bewirkt, indem die gleiche lustvolle
Hingabe wie in Freuds Hypnosen genutzt wird, diesmal
jedoch nur als Hingabe an leere, tote Signifikanten, wie
es die *Formel-Worte* sind.

Sie sind genauso leer wie diejenigen, die im üblichen
Diskurs zwischen mehreren Signifikanten gelöschte Spuren, versteckte Determinative oder ungewollte Lügen
sind, die gerade wegen ihrer Leerheit oder wie das zwischen den Zeilen stehende linguistische Stärke haben. So
stellt auch Φ, Symbol des Begehrens, einen Signifikanten
dar, der – so Lacan – nichts gesichert Sagbares, nichts
Definitives, Brauchbares für die Beziehung von Mann
und Frau vermittelt. Er sagt in dem schon zitierten Seminar XVI, dass „das Wesen der psychoanalytischen Theorie ein Diskurs ohne Worte ist." Ohne zu fertige Aussagen, ohne vorgefasste Statements. „Es gibt keine Schlie-

ßung des Diskurses," sagt er weiter, was heißt, dass niemals alles gesagt sein wird, dass der Psychoanalytiker verantwortungsvoll mit dem Diskurs umgehen muss, „so dass er in jedem Moment auch fähig sein muss, sein Scheitern zu zeigen."[52]

Mit dem Diskurs ohne Worte, mit dem Subjekt ohne Kopf, dem Denken ohne Denker ist immer gemeint, dass damit der Diskurs als solcher eben nicht angehalten wird, dass das nunmehr aufs Wesentliche konzentrierte Bild- und Wort-Wirkende weiterläuft. Denn wenn der Diskurs anhält (durch psychische Hemmung, Ablenkung und ‚Mehrlüste'), fällt der Mensch in eine Art von Starre zurück, fixiert er sich an ein psychisches ‚Objekt', an klein a, ähnlich wie der Gourmet, der an seinem ‚amuse geule', an seinen Leckerbissen, seinem Au-Gout-Menü klebt und gar nicht mehr normal essen kann.

Der Gourmet haftet an seinem feinschmeckerischen Diskurs bis an sein Lebensende. Denn das schwärmerisch betonte Wort-Wirkende ist innigst mit dem Geschmack und dem Gaumenkitzel, dem Bild-Wirkenden verbunden, fachsprachlich mit dem Oralen (oralen Objekt der ‚Mehrlust'), dem hängen gebliebenen Sein an der Mutterbrust, dem Symbol infantilen Begehrens. Diese enge Verknotung, Vereinigung der beiden Grundkräfte ist infantil, nicht wirklich gereift, und somit ist klar, um was es zu gehen hat: um eine gelungenere, bessere, reifere Kombi-

---

[52] Lacan, J., Seminaire X VI, edition Seuil (2006) S. 14-15.

nation, Vereinigung der beiden Grundkräfte des Es *Strahlt* und *Spricht*.

In der Psychoanalyse gilt dieses, aber auch andere psychische ‚Objekte' wie das anale, skopische (Blick), etc., wenn sie fixiert sind, als Kennzeichen der Neurose.[53] Alle derartigen Diskurse verhalten sich so oder zumindest so ähnlich, dass sie durch die Fixierung den eigentlichen Diskurs hemmen und anhalten, und in ihrem Gemisch jene vermeintliche Selbstgenügsamkeit bilden, mit der die Menschen so dahin leben. Der Diskurs ist in diesen ‚Objekten' infantil geblieben, und die psychoanalytische Therapie besteht darin, diese ‚Objekt'-Fixierungen aufzuheben. Auch die Wissgier, die Gescheitheitslust gehört in diese Kategorie, denn der Universitätslehrer bemüht sich stets um ein ständiges ‚Mehrwissen', um ein ‚savoir pour savoir', weshalb Lacan hier von der ‚Mehrlust' des Wissens spricht. Sie fällt immer dann an, wenn der Grunddiskurs stockt und in dem entstandenen Riss das Begehren ein Lustobjekt nach immer mehr und mehr davon gefunden hat.

„Alle Lust will Ewigkeit" hatte ich schon von Nietzsche zitiert, und daran ist zweifellos etwas Wahres dran. Auch das Wissen kann so gesehen nichts anderes als das ‚Objekt' der ‚Mehrlust' des universitären Diskurses sein, der

---

[53] Es handelt sich um ‚Objekte' die mit einer psycho-physischen Randstruktur der Lüste zu tun haben, so eben der Lust des Mund- und Gaumenrandes, des Darm- Afterrandes mit seiner Funktion des Zurückhaltens und Loslassens, des Randes des phallisch Sexuellen oder der Schaulust des Blick-Bildes.

– ähnlich wie der Gourmet seine Delikatessenkultur – eine Wissenskultur hervorbringt, in der es um ein Wissen geht, das gar nicht mehr relevant, sondern überfrachtet und einseitig ist. Die Delikatessenkultur dient wenigstens auch ein wenig der nutritiven Selbsterhaltung und so dient die Wissenskultur auch den Wissenschaften. Doch herrscht darin ebenfalls eine gewisse Selbstgenügsamkeit, die Freud schon als das „Unbehagen i n der Kultur (nicht an ihr) bezeichnete, weil in ihr alles nur aufs Objektive gegründet bleibt und das Subjekt außen vor gelassen wird. Das geht so weit, dass die Forscher in der Quantenphysik behaupten, die Beobachtung durch das menschliche Subjekt selbst entscheidet letztlich über die Objektivität des Seins (Schrödingers Katze). Sie häufen endloses Wissen über diese Quanten-Verschränkungen oder an die Entdeckung des Higgsteilchens und es W-Bosons an, was ganz nett ist, aber trotz des monströsen Aufwands kein Problem der Menschheit lösen hilft.

Als man noch nicht so dezidiert die Lüste durch psychoanalytisches Vorgehen enthüllen konnte, hat man sie einfach durch Askesen und strenge Reglements in Grenzen gehalten, was freilich einfacher war, aber eben repressiv, patriarchal, patristisch männlich. Und das will man ja heute nicht mehr. Das wollte schon der Philosoph G. F. Hegel nicht mehr, als er in seiner Dialektik der Geschichte die Macht als ‚Objekt' der ‚Mehrlust' herausstellte. Es ging darin um den Prestige-Kampf zwischen Herr und Knecht, in der ersterer um der Macht willen den Verzicht aufs Genießen verherrlicht, während letzterer zwar weiter trinken, rauchen und huren kann, für das

ultimative Ziel aber auf den Tod des Herrn warten muss.
Eine trostlose Sache.

Eigentlich wollte Hegel – da er wohl diese Trostlosigkeit
ahnte – eine Dialektik der Liebe schreiben, aber dazu ist
ihm nichts eingefallen. Was könnte das Objekt der
‚Mehrlust‘ in der Liebe sein? Na klar, der Sex, und damit
konnte der konservative ‚Weltgeist‘, wie Hegel sich
nannte, nicht so viel anfangen.[54] Diese Thematik hat
dann Freud aufgegriffen, indem er seine Hysterikerinnen
zu Boden brachte, das heißt auf die Couch, wo er sich
ganz nahe hinter ihnen in einem bequemen Lehnstuhl
positionierte. Er nannte wie gesagt das zentrale Objekt
der neurotischen ‚Mehrlust‘ phallisch, weil er nachwei-
sen konnte, dass dieses libidinöse Objekt für Mann und
Frau gleichermaßen gilt, wenn auch sehr unterschiedlich
strukturiert (manche Psychoanalytiker sagen: er hat Φ,
sie ist Φ).

Doch das ist nur die Sicht einer männlich dominierten
Psychoanalyse. Aus einer viel einfacher und wohl mehr
dem Weiblichen zugetanen Psychoanalyse müsste man
doch sagen: er hat Φ, sie ist Ψ. Aber das allein ist nicht
entscheidend. Es geht ja ums Genießen, um das plaisir
phallique, das auch die Frauen übernehmen, und dann
gibt es noch die ‚Jouissance‘, zu der nicht nur ihre autochthone Form gehört, sondern auch die allgemeine
Form, die sich um die kleinen Kinder, um diese wunder-
vollen, entzückenden Schnuckelchen dreht, die wir alle –

---

[54] Psychoanalytisch gibt es kein Objekt in der Liebe, sie ist eine
Spiegelbeziehung, sie kann aber starke Luzidität erreichen.

und hier sind es nun die Männer, die etwas Weibliches übernehmen – am liebsten immer wieder abbusseln, knuffeln und beschmusen möchten. Das ist mehr als nur Φ, das ist bereits eine gute Portion Ψ.

Vielleicht wird das alles an dem Schema Lacans (unten) zum Thema der Sublimierung, der psycho-physischen Verfeinerung, Vergeistigung, die in der Psychoanalyse ebenfalls vom Trieb her ihre Kraft bekommt, dessen Freud'sches Sexuelles hier aber weitgehend veredelt, verdünnt, verflüchtigt ist, nochmals dargestellt. Es verhält sich so wie es bei der Katharsis in der Hypnose und auch in der ersten meditativen Übung der *Analytischen Psychokatharsis* doch noch einen Touch des Erotischen versehen (speziell in dem geschilderten ‚Ding', das ich hier das unsichtbare Ikon von Ψ nenne) der Fall ist.[55]

Die Frau?	Der Andere?	Das Ding? (unsichtb.Ikon)
X	Ort des Sprechens mit welchem man Liebe macht	Vakuole des Genießens
Die Sublimierung, um Die Frau zu erreichen (höfische Liebe, Idealisierung des Objekts)	Die Sublimierung, um das Genießen mit dem Trieb zu erreichen	Der Repräsentant der Repräsentation (Vorstellung)

---

[55] Ich komme im letzten Kapitel ausführlich dazu, dieses von Kant über Freud zu Lacan hin verwendeten ‚Ding' für etwas unsichtbar Ikonisches, fast Geheimnisvolles, und die ebenso bildliche Sphäre (Vakuole) des Genießens zu beschreiben.

Es betrifft all die drei in den Spalten aufgeführten Begriffe: Die Frau als das was sie im Unbewussten vorstellt, D i e also, mit dem universalierenden Artikel geschrieben, wird hier dem *Anderen*, der etwas mehr männlich-väterlich charakterisiert zu sein scheint und dem ‚Ding‘, das beide verbinden könnte, gegenübergestellt.

Zuerst also in der Spalte links: Die Frau? und das X ihrer Absolutheit des Genießens (der ‚Jouissance‘) und (unten) der Schwierigkeit ihr Begehren zu definieren, was zu Sublimierungen wie denen in der höfischen Liebe oder in Idealisierungen ihres Wesens als ‚Objekt‘ des Eros und des Bild-Wirkenden führt, bzw. geführt hat. Sodann der *Andere?*, Zentrum des Wort-Wirkenden, der wie oben gesagt kein vom Sexuellen her bestimmtes Ziel anvisiert (Freud sprach davon, dass der dabei genutzte Trieb ‚zielgehemmt‘ sei). Er ist etwas oder jemand Sublimiertes, etwas, das zur Sprache über die Liebe bestimmt ist, wie es der Dichter, der Mystiker, der Psychoanalytiker zur Anwendung bringt. Und schließlich (rechte Spalte) das ‚Ding‘, das reale Bild-Wirkende, die so schwer erreichbare ‚Jouissance‘, deren Platz in der Freud'schen ‚Vorstellungsrepräsentanz‘ ich schon erwähnt habe.

Zur Frau und zu Lacans Statement, dass es im Grunde genommen kein Geschlechtsverhältnis gibt, weil sich dieses nicht sagen, definieren, logisch erklären und gar quantifizieren lässt, sagt er weiterhin, „dass – man weiß nicht was das ist – Die Frau. Sie ist in dem [psychoanalytischen] Laden unbekannt – außer, Gott sei Dank, durch Vorstellungen. Seit jeher hat man sie immer nur so gekannt. Wenn die Psychoanalyse rechtens etwas geltend macht, so dies, dass man sie nur durch einen oder durch mehrere Repräsentanten der Vorstellung kennt."[56] Gemeint ist die Tatsache, dass der Trieb im Psychischen durch eine Vorstellung, eine scheinbare Objektivierung, repräsentiert ist. Darin liegt bereits eine gewisse Verdrängung, die Ur-Verdrängung, die Unbestimmtheit, die natürlich zum x-ten Mal in der ersten Ecke des Graphen zu finden ist.

„Es geht fürs Erste", so Lacan weiter, „nicht darum herauszufinden, ob die Frauen verdrängt sind, es geht darum herauszufinden, ob Die Frau es ist, DIE als solche, und warum nicht, an sich selbst, selbstverständlich. Dieser Diskurs ist nicht androzentrisch. Die Frau in ihrem Wesen, wenn das etwas ist und wir nichts darüber wissen: es ist ganz genauso verdrängt für die Frau wie für den Mann." Wie immer ausgehend vom Diskurs, also von einer strukturell, wenn auch oft minimalst, sprachlichen Vermittlung, bedeutet diese Ur-Verdrängung auch eine worthafte Zurückweisung, eine Verneinung. Die Verneinung liegt nun nicht in dem, was Freud mit dem Begriff der ‚phallischen Phase' herausgearbeitet hat, die beide Geschlechter durchmachen, wenn sie zwischen dem dritten bis fünften Lebensjahr den Geschlechtsunterschied bemerken und anfangen eine Protzigkeit, einen Sexualstolz, eine Kraft zu fühlen, die jedoch erst in der Pubertät ihren Höhepunkt erreicht. Sie ist für den Mann durch ein

---

[56] Lacan, J., Seminar XVI, Turia & Kant 82022) S. 268-269

Haben charakterisiert, während die Frau es ist, aber eben abgedrängt, ohne vollen Bezug dazu.

Das ist kein Mangel, die Frau ist kein kastrierter Mann, es haben nur Mann und Frau unterschiedliche Arten des Kastrationskomplexes, also eines dem Genießen von vornherein innewohnenden Haperns, wie ich schon eingangs formulierte. „Wenn man sich bezüglich des Genießens der Frau nicht mit dem vagen kleinen Leitschrott begnügen würde, der ihnen von dem Freud'schen Vokabular bleibt, vielleicht würde dann etwas beginnen, sie auf eine nähere, direktere, haftendere Weise an dem zu interessieren, was es nicht mit dem Geschlechtsverhältnis – worüber Sie nicht groß etwas sagen können – sondern mit der Behandlung des sexuellen Genießens auf sich hat. Das Rätsel, das in den Augen mancher das Empfindungsvermögen der vaginalen Wand, der gewissermaßen an Grenzen verlaufende Charakter des weiblichen Genießens, all die Rätsel, die, man weiß nicht warum, auftauchen, wenn man die weibliche Sexualität untersucht, würden daraufhin wohl leichter mit der Topologie übereinkommen, der wir uns hier zu nähern versuchen."[57]

Die endgültige Lösung einer guten, gelungenen, reifen Kombination des Bild- und Wort-Wirkenden und der Beziehung zwischen Mann und Frau wird damit aber wohl auch noch nicht ganz erreicht. Vom therapeutischen Blickwinkel aus gesehen hat die psychoanalytische Behandlung lediglich Neurotikern geholfen und hilft sie

---

[57] Lacan, J., Seminar XVI. Turia & Kant (2022) S. 266-270

auch heute noch. Doch für die wahre Selbstfindung und Selbstanalyse bei Infragestellung der gesamten Persönlichkeitsstruktur und der Eder intimsten, sublimiertesten, wahrhaftigsten Beziehung von Mann und Frau, braucht es mehr. Es braucht ein ‚Mehrsein‘, das man gut in Beziehung zum Marx'schen Mehrwert und zudem auch zur Lacanschen ‚Mehrlust‘ bringen kann, und womit ich mein Verfahren der *Analytischen Psychokatharsis* weiter verfolgen und festigen will, zum Beispiel mit dem Märchen von ‚Hans und Glück‘. Auch da geht es um so ein Schnuckelchen, aber es ist etwas ganz anderes, unvergleichbar Minderwertigeres, nämlich ein Klumpen Gold.

5. Hans im Glück

Die genannte ‚Mehrlust' verglich Lacan (weiterhin im Seminar XVI) ausgiebig mit dem Begriff des Mehrwertes von Marx, der ja bekanntlich folgerte, Arbeiter schaffen an dem Produkt, an dem sie tätig sind, einen Mehrwert, der von der kapitalistischen Gesellschaft nicht ausgeglichen wird. Marx sah auch in der Arbeitskraft eine Ware, die zusammen mit den produzierten Waren in einem Wertekreislauf eingebunden ist, der über den reinen Tauschvorgang weit hinausgeht. Es ging Marx vordergründig nicht um die Ausbeutung des Arbeiters, sondern darum, dass dieser Waren-Werte-Kreislauf einen in ihm versteckten Mehrwert produziert, der Klassenverhältnisse schafft, die negativ sind. Aus diesem Grund muss es etwas geben oder geschaffen werden, was diese Klassenverhältnisse ändert, und deswegen sollte man das Proletariat gegenüber der Bourgeoisie nach oben bringen, und zwar nicht des Geldes wegen, sondern der freieren, gerechteren Gesellschaft wegen. Aber warum muss dies in Form einer Revolution geschehen?

Lacan erklärt dazu Folgendes: „Marx geht ausschließlich von der Funktion des Marktes aus. Seine Neuartigkeit besteht in dem Platz, an dem er die Arbeit verortet. Was ihm seine Entdeckung ermöglicht, ist nicht, dass die Arbeit neu wäre, sondern dass sie gekauft wird, dass es einen Arbeitsmarkt gibt. Das ermöglicht es ihm, das zu beweisen, was es in seinem Diskurs an Neuem gibt, und was Mehrwert (*plus-value*) heißt," aber eigentlich die

Marx'sche ‚Mehrlust' ist. Auch für Lacan besteht der Marx'sche Mehrwert nicht darin, dass der Arbeiter dem Produkt mehr Wert verleiht, denn wenn er dafür gut bezahlt wird, gäbe es trotzdem noch ein Problem, eben das verabsolutierter Kräfteverhältnisse, das Marx letztlich nicht anders zu bewältigen wusste, als dadurch, dass er ständig an seiner Mehrwerthypothese herumphantasieren und herumbasteln musste, typisches Zeichen seiner ‚Mehrlust'. Aber ganz ohne Lust, ohne Genießen geht eben nichts. Man ist damals noch nicht auf die Idee gekommen, dass man das Problem durch so etwas wie die soziale Marktwirtschaft besser, wenn auch nicht endgültig, hätte lösen können.

Die Sache ist also auch heute noch nicht wirklich bereinigt, aber der politisch Linken fällt heute nicht mehr so viel Geniales ein, wie es Marx gelungen ist, auch wenn es jetzt so aussieht, dass der Mehrwert nur ein Objekt eines phantasmatischen Denkens ist, ein Objekt, das Marx sich gut ausgedacht hat, aber gar nicht so relevant ist, denn es steckt ja auch der Gewinn des Arbeitgebers für seine Arbeit (Management, Investitionen, Unternehmensrisiko, ect.) darin. Wegen dieser Irrelevanz musste er schließlich die Revolution propagieren. Wie beim Professor, dessen ‚Mehrlust' das Wissen ist, und wie beim menschlichen Geschlechtswesen, dessen ‚Mehrlust' das Phallische darstellt, besteht Marxens ‚Mehrlust' genau in diesem gut konstruierten Mehrwert.

Vereinfacht gesagt: Mann und Frau vereinigen sich nie, der Professor steckt im ‚universitären Diskurs' für immer fest, in dem er sich selbst, sich als Subjekt, aus dem Spiel nimmt. Er kesselt sich also in kalter Objektivität ein, er verdinglicht total seine Aufgabe, zeigt nichts Persönliches, er gibt seine Gefühle, ja seine Angst nicht her, die die Grundlage seines Unbewussten ist. Und der Kommunist macht die verabsolutierten Kräfteverhältnisse stets neu zum Objekt seiner ‚Mehrlust'. Gut, dass Marx das ‚Kapital' geschrieben hat, da es ökonomische Klarheiten enthält und zu Recht soziale Defizite anklagt, aber das martialische ‚Kommunistische Manifest' hätte es nicht gebraucht. Ein ‚Mehrsein' ist dadurch nicht zustande gekommen.

Bei Marx rückt nämlich der Kommunist mit der Wahrheit nicht ganz heraus, dass er dem Arbeitgeber gegenüber trotzt, ihn als Herrn, als Meister, als Autorität anzuerkennen, wo er doch nur davon profitiert, dass dieser das ökonomische Risiko eingeht. Ja er will ihm – wie bei Marx im kommunistischen Manifest geäußert – vielleicht sogar an den Kragen gehen. Indem der Diskurs, das versprachlichende Reale durch die Prädominanz des Wissens- oder Arbeits-Marktes bestimmt wird, geht es eigentlich nur um wenig oder viel Wissen, um gute oder schlechte Bezahlung und nicht um einen Mehrwert als solchen. Das Immer-Mehr-Wissen müssen ist wie der Mehrwert von Marx, so gesehen auch nur eine ‚Mehrlust', die das wahre Genießen verfehlt.

„Denn von Anfang an und ganz im Gegensatz zu dem, was Hegel sagt oder zu sagen scheint, ist es die Absage an das Genießen, die den Herrn konstituiert, der ganz klar versucht, daraus das Prinzip seiner Macht zu machen. Neu ist, dass es einen Diskurs gibt, der diese Absage artikuliert, und der das darin erscheinen lässt – denn dies ist das Wesen des analytischen Diskurses – was ich die Funktion der Mehrlust nenne," schreibt Lacan, und zwar jetzt nicht mehr die des Wissens, der Macht oder des Sexes, sondern das der Wahrheit. Der psychoanalytische Diskurs unterscheidet sich so vom universitären und vom Herrendiskurs, aber auch vom neurotischen, hysterischen Diskurs, indem er die Wahrheit, und speziell die verdrängte, unsichtbare Wahrheit zur Ursache psychischen Geschehens und zum frigiden Partner des Genießens macht. Eine ‚Mehrlust' sollte es hier nicht mehr geben. Aber wird in der Frigidität auch ein ‚Mehrsein' zustande kommen?

Denn leider ist auch die Wahrheit manchmal prüde. In der ‚Mehrlust', selbst in der der ‚Wahrheitsfindung' der Psychoanalyse erreicht das Genießen nicht seinen höchsten Stand, den des ‚Mehrseins', das ich in einen Zusammenhang mit der Form des Genießens bringen möchte, die Lacan – meistens abgrenzend zum ‚Plaisir' – die ‚Jouissance', das Körpergenießen nennt. Um das alles nunmehr vereinfacht deutlich zu machen, möchte ich das Märchen vom ‚Hans im Glück' benutzen, den man gerne auch als ‚Hans im Unglück' bezeichnen könnte, weil er ja am Schluss mit nichts mehr in der Hand dasteht. Bekanntlich hatte Hans einen kopfgroßen Goldklumpen für einen siebenjährigen Dienst von seinem Arbeitgeber erhalten. Es leuchtet ein, dass diesen zu Fuß nach Hause zu tragen, ihm bald etwas beschwerlich wurde. Als daher

Hans einen flotten Reiter kommen sah, bot er ihm an, sein Gold mit dem Pferd des Reiters zu tauschen. Hei, wie flott ging es nun dahin! Doch für die Kuh eines Bauern, die Milch, Butter und Käse zu geben versprach, tauschte er bald danach wieder sein Pferd ein.

Um es kurz zu machen: die Kuh brachte gar nicht so viel Milch, sie wirkte alt und ausgelaugt, also tauschte Hans sie gegen ein ergiebigeres Schlachtvieh, ein Schwein, dieses dann wegen der Gerüchte um einen gängigen Schweinediebstahl jedoch in eine Gans, und die wiederum mehr aus praktischen Gründen, nämlich leicht handzuhaben, in einen Schleifstein, der ihm zu allerletzt versehentlich in einen Brunnen fiel. Wie freute sich Hans, nunmehr um alles erleichtert, zu Hause seiner Mutter wieder um den Hals fallen zu können. Da, beim primären Objekt der ‚Mehrlust‘, wie die Psychoanalytiker die Mutter und ihre libidinös besetzte Brust nennen, schloss sich wieder der Kreis der Wertlosigkeit aller Dinge, des Gegenteils jeden Mehrwertes und der Frage nach der Infantilität und der Reife der Kombination der psychischen Grundkräfte. Alles ist drin in diesem Märchen.

Das Märchen vom ‚Hans im Glück‘ wird von den meisten Kommentatoren so gedeutet, dass Hans zwar kindlich ist, dass die Erzählung aber eine Parabel für die Überschätzung alles Materiellen darstellt und somit die Armut an Gegenständlichem den Reichtum an Seelischem bedeutet und bestärkt. Aber genügt uns heute noch solch eine manichäische Deutung? Immerhin zeigt das Märchen, dass der Kommunismus keine Rolle spielt, denn Hans wird reichlich für seine Arbeit entlohnt und von Mehrwert ist im Märchen keine Rede. Wie gesagt, das Gegenteil ist der Fall, scheinbar tauscht Hans ja immer weiter Minderwertiges ein, es entsteht ein Minderwert, und wer würde bestreiten, dass es immer wieder Menschen gibt, denen so etwas passiert: sie handeln, setzen auf Aktien, investieren in Beziehungen, und am Schluss stehen sie als die begossenen Pudel da. Doch um was geht es dann? Um das zu verstehen, muss man die Unterscheidung zwischen Tauschwert und Gebrauchswert verwenden, die Marx gekannt, wenn auch in seiner Mehrwert-Theorie nicht immer korrekt verwendet hat, ‚Hans im Glück' aber anscheinend völlig fehlt.

Ähnlich wie in der marxistischen Marktideologie spielt der Gebrauchswert auch bei Hans eine große Rolle. Es ist klar sichtbar, dass nur dieser für ihn zählt. Für ihn ist ein Pferd mehr wert als der Klumpen Gold, völlig unabhängig vom wahren Tauschwert, der ein Phänomen der Gesellschaft ist. Es sind vorwiegend nur einzelne Menschen, Individuen, die den Gebrauchswert hochschrauben und nicht nur die Kapitalisten. Früher haben die Menschen für den Segen des Papstes weiß Gott was hingegeben, heute zahlen Frauen für einen erfundenen Liebhaber im Internet viel Geld und Männer für einen hochgetunten Lamborghini jede Menge, obwohl sie damit im Alltagsverkehr gar nichts anfangen können. Ein Ministückchen Papier, die ‚blaue Mauritius', ein paar Farbstriche in Acryl von G. Richter, kosten Millionen.

Tauschwert und Gebrauchswert hängen mit psychischen Einstellungen zusammen, die nicht zu messen sind, was man am besten am Begriff der Währung sehen kann. Die Währung wird noch am ehesten einen Tauschwert garantieren, doch der Gebrauchswert kann unterschiedlichst ausfallen. Der Mehrwert sollte ein Maß sein, doch Marx arbeitet zu sehr ideologisch und rein marktökonomisch. ‚Hans im Glück' dagegen hat eine Persönlichkeitsstörung. Er hat vom Wirtschaften keine Ahnung und weiß nicht, wer er ist. Er ist gespalten, $, wovon er nichts merkt. Er versteht überhaupt nichts vom wirklichen Tausch und steigert sich in Gebrauchswert-Gelüste hinein, die irrelevant sind. Darin findet er nur ein Plaisir und nicht die ‚Jouissance'. Seine Textur ist das spiegelbildliche **a** / **a'** (geben/nehmen egal was und wie).

Oder sollte er vielleicht wie Parzival in R. Wagners Oper der tumbe Tor sein, der gerade durch seine Einfältigkeit den Kampf mit den bösen Mächten auf sich nehmen muss, während die schlauen Köpfe aus der Oberschicht dominieren können (zumindest so lange, bis die magische Umkehreinsicht kommt? Aber genau darin besteht ja die Neurose, die Persönlichkeitsstörung, also Begriffe, die einfach die modernen Namen für die früheren Bezeichnungen in den Märchen darstellen: Däumling, Narr, der die Wahrheit sagt, Dummling, Tor, etc. Doch werden aus diesen scheinbar anfänglich Benachteiligten im Märchen Aufsteiger und Helden, die genannten Umkehr-Sichtigen, während ‚Hans im Glück' das dümmste und neurotischste tut, was man tun kann: zurück zur Mama zu laufen und glücklich an ihrer Brust zu landen. Schizoid, hysterisch, infantil, was soll der Sinn sein?

Hans ist nicht ganz dicht, er hätte ja aus seinem Goldklumpen ein Start Up kreieren können, um zum Beispiel an arme und leidende Menschen Minikredite zu vergeben und mit ihnen eine neue, bessere Welt aufzubauen. Ein kopfgroßer Goldklumpen wäre in heutiger Währung über eine Million wert gewesen. Ein Rennpferd kann allerdings im Extremfall auch mal so einen Wert erreichen, aber im Grimm'schen Märchen vom ‚Hans im Glück' handelte es sich – wie es heißt – nur um einen ‚munteren Gaul', der keinen Tausender gekostet hätte. Als Hans am Schluss auch noch der Schleifstein in den Brunnen fällt, also gar kein Tausch mehr stattfindet, hat man das Gefühl, dass der Autor des Märchens ihn nur zu einem fragwürdigen Pechvogel machen will, der für die materialistische Welt nicht geschaffen ist. Doch ein Pechvogel ist er nicht; das ist die typische Ausrede, der typische Widerstand gegen die Aufdeckung der Wahrheit.

Auf jeden Fall ist er nicht so fanatisch wie Marx, dessen Arbeiter ja genau so die tumben Tore sind, nur lässt Marx sie – um seine ‚Mehrlust' zu retten – eine Revolution veranstalten mit all dem kriegerischen Gehabe, ohne das derartiges meist nicht von statten geht. Aber was ist die ‚Mehrlust' vom ‚Hans im Glück', denn dass er nach der Formel \$ ◆a funktioniert, ist zweifelsohne zutreffend. Doch außer dem Busen der Mama könnte vielleicht auch so etwas wie die Wahrheit ein Objekt der ‚Mehrlust' bei ihm gewesen sein. Mehr noch als Marx wollte Hans unbedingt wissen, wie man Fairness und Friede in die Welt bringen kann. Dazu hat er zuerst einmal hart gearbeitet und wurde dafür auch fürstlich entlohnt. Und danach lag es ja nicht nur an ihm, dass er so schlechte Tauschwerte erzielte. Schon der Reiter hätte ja, wäre er ein vollwertiges und ehrliches Mitglied der Gesellschaft gewesen, sagen können: Komm, brich, hack oder schmelz mir einen kleinen Teil deines Goldklumpens ab, das genügt. Aber Hans wollte wissen, wie man schnell zur Wahrheit komm; oder gibt es gar keine?.

Natürlich spürte er, dass sie alle schäbige Kapitalisten, Gauner und Betrüger sind, die ihn ausbeuten. Der Fehler war nur, dass er davon nichts verstand und öffentlich machte, dass er danach keine sozialistische Partei gegründet hat, sondern zur Mutter nach Hause lief, dass er also nicht mehr aus seiner Wahrheitsfindung machte und nach keinem ‚Mehrsein' strebte. Dabei hat er, wie kaum ein anderer, die Wahrheit gesehen, aber konnte sie nicht logisch umsetzen. Er ist nicht dazu gekommen. Wie Freuds ‚kleiner Hans' hat auch der große Hans (nach Abschluss seiner Arbeit muss er schon aus dem Teenager Alter heraus gewesen sein) die Vater-Metapher, das Wesen dieser prinzipiellen Paternität nicht gekannt, verdrängt oder gar verworfen.[58] Er ist in der Spiegelbeziehung zur Mutter, zum mütterlichen Objekt **a** geblieben, auch wenn er sich der sozialen Spiegelung, der der Menschen in ihrer Schäbigkeit, der negativen Wahrheit gestellt hat.

---

[58] Zu diesem Begriff genauere Erklärungen später.

Auch Lacan war davon beseelt, der Wahrheit eine Stimme zu geben, und zwar die eines Ichs. Denn kein anderer kann sie sagen, als sie selbst in ihrer Ich-Form. Die Menschen können sich nämlich nur Halbwahrheiten sagen, wie sollten sie sich gegenseitig in ihre wahren Aussagen so einwickeln, dass jeder sich darin bestätigt fühlt? Doch liegt das Misslingen nicht wieder an der Betonung des Wort-Wirkenden? Es ist zwar richtig, dass die Sprache eine Notwendigkeit dafür ist, die Wahrheit definitiv sagen zu können, aber muss man sie nicht auch in Szene setzen, sie auch ikonisch stützen, sie im Verschmelzungsblick des reinen Bild-Wirkenden vermitteln? Darum geht es doch auch beim ,Hans im Glück', er inszeniert das Ganze bis zur Selbstaufgabe, nur so erfährt er – mehr als Marx – die Wahrheit über die herzlose, kapitalistische und verlogene Gesellschaft, auch wenn er sie nicht in starke, wort-wirkende Symbolik bringt.[59]

Wenn er zum Schluss noch Gott auf Knien dafür dankt, dass der Schleifstein in den Brunnen gefallen ist, überzieht er Sache ein bisschen. Vor allem aber redet er dann mit niemandem, außer vielleicht mit seiner Mutter, doch auch das ist nicht sicher. Umgekehrt bei Lacan, dem das Ikonische, das direkt Bild-Wirkende fehlte, mangelte es Hans im Glück am Wort-Wirkenden. So hat er zwar die Wahrheit erkannt, findet aber keine Worte dafür und

---

[59] Hans im Glück war kein Wutbürger, und der Verschmelzungsblick ist eine Hypothese, denn es realisiert ihn niemand. Aber man kann ihn in der Meditation kurzfristig erfahren, womit ich wieder auf den Wert der Praxis hinweisen möchte.

kommt somit nicht zum ‚Mehrsein'. Es ergeht ihm wie
Adam und Eva, die alles gesehen haben, und die alles
wussten, was sie gesehen haben, aber sie konnten es
nicht in klare Worte fassen. Sie hatten nicht – wie Lacan
dies auch von den heutigen Frauen behauptet – das geeignete symbolische Material dafür (ob das, was für
Adam und Eva gilt, für die Frauen nicht doch diskrimi-
nierend ist?).

Nun ja, aus diesen Grund glaube ich, sowohl Marx, wie
den ‚Hans im Glück', und auch Lacan hinsichtlich der
Wahrheitsfrage noch ein bisschen ergänzen zu müssen.
Auch Lacan will ‚Mehrsein', zwar nicht mehr als sein
Lehrer Freud, aber doch mehr als alle die Leute, die ihn
kritisieren und sogar misshandelten, als die Verwalter der
Universität von Paris ihn aus seinem Vortragsraum mit
fadenscheinigen Argumenten hinaus katapultierten. Sie
sagten, sie brauchen den Raum wegen der durch die Studentenrevolte hervorgerufenen Umstellungen, in Wirklichkeit kam heraus, dass sie ihm Merkwürdigkeiten in
seiner Lehre und seinen ca. dreihundert Zuhörern unterstellten, kurz: ihn, wie damals Sokrates, für einen Ver-
führer der heutigen Jugend hielten. Nun klar, merkwür-
dig ist der Satz schon, den ich nochmals hier zitiere:

„Ein Subjekt ist das, was von einem Signifikanten [S_1]
für einen anderen Signifikanten [S_2] repräsentiert werden
kann, kurz: der Mensch als subjektives Sein befindet
sich – wie ich schon zitierte – stets zwischen zwei Feu-
ern. Kein Begriff verfügt über die endgültige Sicherheit.
Man ist immer in der linken und rechten Ecke zugleich.

Bei Lacan gilt der Signifikant$_1$ als der Herrensignifikant, also noch so ziemlich für das, für was er auch bei Hegel gegolten hat: der superreiche Unternehmer, der Bestimmer, der immer das erste und letzte Wort hat und der nur den anderen predigt, auf die banalen, einfachen Genüsse zu verzichten, während der Knecht vielleicht nicht davon lassen und nichts davon wissen will. Der Knecht, der Arbeiter weiß natürlich, wie eine Arbeit zu machen ist, und so ist für Lacan der Signifikant$_2$ das Wissen. Marx hat diese zwei Signifikanten nicht in einer gelungenen, reifen, zutreffenden Weise zusammenführen können, denn dazu sind zu viele unbewusst psychologische Motive im Einsatz, um Tausch- und Gebrauchswert zu manipulieren. Sicher hat Marx Recht, dass zu seiner Zeit ein schweres Missbrauchsverhältnis in der Gesellschaft vorlag, das beseitigt werden musste.

Aber gehen wir von der heutigen Zeit und der ‚sozialen Marktwirtschaft‘ aus, dann hat sich die Situation erheblich verändert. Es befindet sich tatsächlich das menschliche Subjekt nicht mehr so ausschließlich in der Kluft zwischen Tausch- und Gebrauchswert, wie es Lacan gerade beschrieben hat. Es befindet sich aber in der Kluft zwischen wort-wirkendem Bestimmer (Signifikant$_1$) und bild-wirkendem Wissendem (Signifikant$_2$), wo es in Bezug auf die ‚Mehrlust‘ ins Schwanken gerät, und es ihm somit gut tut, sich mit Psychoanalyse oder dem ‚Hans im Glück‘ zu beschäftigen, wo das Objekt der ‚Mehrlust‘ die Wahrheit ist.

Das heißt, man würde hier besser gar nicht mehr von ‚Mehrlust' sprechen, sondern von einer Art autochthonem Genießen, der angekündigten ‚Jouissance', wo — wie zitiert — „das Subjekt nicht mehr mit sich selbst identisch ist", sondern als das vollständige Subjekt des Diskurses gesehen wird, nämlich des generellen (wissenschaftlichen) Diskurses, der sich nicht schließt, sondern das ‚vollendete Objekt' beinhaltet.[60] Wem das alles zu kompliziert ist, dem empfehle ich jetzt meine Version dieser Verbindung von Signifikant S_1 und S_2: die Vereinigung des Bild- und Wort-Wirkenden in der *Analytischen Psychokatharsis* durch angewandte Praxis, denn nur durch eine solche kann der coup mit der Theorie gelingen.

In der *Analytischen Psychokatharsis* nämlich lassen sich in einer ersten Übung S_2 zu einer Höhe, Dichte, Konkretheit und kathartischen Erfahrung bringen, die es in einer zweiten Übung mit dem S_1 verschmelzen und auch ausdrückbar, verbalisieren lassen. Ich komme noch ausführlich darauf zurück, will aber das bisher Gesagte nochmals vereinfacht und gekürzt zusammenfassen. Dazu wiederhole ich den leicht kryptischen Satz Lacans: „Wenn ich sage, dass man den Signifikanten als das definieren muss, wodurch für einen anderen Signifikanten ein Subjekt repräsentiert wird, dann bedeutet das, dass

---

[60] Lacan, J., Seminar VI, Vortrag vom 9.1.1959, wo Lacan diesen psychischen Zustand als das Ziel der Psychoanalyse bezeichnet, den andere auch das ‚gute, konstante Objekt' nennen, denn das ‚Mehrlust'-Objekt kann inkonstant sein.

niemand darüber etwas wissen wird außer dem anderen Signifikanten, und der andere Signifikant, das ist etwas, was keinen Kopf [kein Ich] hat, sondern auch ein Signifikant ist."

Da sind sie wieder, die beiden Signifikanten, das *Strahlt* der unbewussten Textur und das *Spricht* des unbewussten Textes, die mit ihrer flüchtigen Verbindung im schlechten Fall nur immer wieder ein ‚Mehrlust'-Objekt hervorbringen, im guten Fall aber die ‚Jouissance'. Im Schlechten wiederholen sich die Verbindungen, die Kombinationen von S_1 und S_2 in stetigen ‚Mehrlust' Formen das ganze Leben und spielen so den ‚Hans im Glück' bzw. Unglück. Glück oder Unglück, das Unbestimmte, Signifikant, erste Ecke Nr. 1 überschattet vom Neurotischen, Ecke Nr. 2 repräsentiert ‚Hans', der im Zenit seiner Subjektivität steckt.

Lacans Lehre ist im Grunde genommen sehr schlicht. Er geht vom Mangel aus, vom Nichts, ein Zustand, ein Phänomen des Subjekts, das ‚man', das man ist.[61] Es erinnert an das Losungswort der Frühmenschen, das erste Ausgesprochene, das noch nichts bewirkt, doch mehrmals mit affektvoller Betonung wiederholt, hat es den Betreffenden zum Bestimmer gemacht; er ist nicht mehr nur

---

[61] Das kann der Signifikant deswegen nicht, weil er Signifikanz nur dadurch bekommt, dass er sich mit anderen Signifikanten kombiniert. Das ist schon beim normalen Satz der Fall, das Subjekt (z. B. Substantiv) allein, das Verbum allein, sagen nichts Genügendes. Es muss noch ein Objekt dazukommen, so dass der Satz sich erst in der Dreiheit erfüllt.

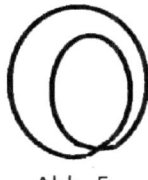

Abb. 5

Mann, Frau, geblieben, sondern zum Herrn, Herrin, geworden, die jedoch nichts wissen. Und so braucht es nach der Eins eine zweite Eins, die – psychoanalytisch und nicht nur mathematisch, linguistisch, philosophisch gesagt – Eine ist, an der das klein **a** der ‚Mehrlust' des Wissens hängt, die dazu drängt, den Kreis der Wiederholung der Einsen weiter zu führen. Weiter und weiter.

Wie anders – erneut gefragt - soll man mit dem Beginn beginnen, mit dem Anfang anfangen, wie ich es schon bei Kant eruierte? In der ersten Eins steckt die Kehre bereits drin, die alles verdreht, so auch in Lacans Beispiel mit der Innen-Acht (siehe Abbildung 5). Ist die Acht in sich schon überkreuzt, wird sie dies noch mehr, wenn man sie umklappt, so dass sie in sich rotiert, es aber doch zwei eigene Kreise sein können. Der Anfang ist auch gleichzeitig sein Ende, und muss deswegen wiederholt werden (Freuds Wiederholungszwang). Die Innen-Acht ist ein Ikon der Unbestimmtheit, des Durchdrehens.

In diesem Sinne wird Lacan am Schluss dieses ersten Vortrags des Seminars XVI etwas pessimistisch, indem er den Menschen zwischen seinen ‚Mehrlust'-Objekten einerseits, die ihn immer abhängig sein lassen und dem Verzicht auf die genannten Lüste andererseits, die zum „Nicht-Genießen, zum Elend, zur Verzweiflung und Einsamkeit führen," allein lässt, so dass der Schrei der Wahrheit im Innern der Seele ungehört verhallt. Lacan weist dazu auf Munchs entsprechendes Bild hin, wo der Betreffende mit schreiendem Mund sich die Ohren zuhält, als könne er dadurch die Wahrheit verhindern.

Lacan meint zudem, dass das Bild (Bild-Wirkendes) niemals die Metapher (Wort-Wirkendes) wird erklären können, weil beim Bild zu sehr das Spiegelbild des Körpers, speziell des menschlichen Körpers, interveniert.[62] Nun habe ich mit dem Begriff des Ikons, des Ikonischen, etwas erwähnt, das Lacans Aussage relativiert. Eine zu übertriebene Verwendung der Metapher, des Sprechens, des Wort-Wirkenden, kann nämlich genauso problematisch werden, Lacans kuriose Wortspiele wie z. B. en-soi (an sich), anse oie (Henkel-Gans), en soie (in Seide), denen er sich zu Hause lustvoll hingab, sind wohl genauso wenig Psychose nahe wie meine Ikons (z. B. ‚Landschaften‘ oder das ‚Meer‘ betreffend) als zeitbegrenzte ‚Vision‘ zu genießen.[63] Spielereien eben.

Die überzogene Betonung des Wort-Wirkenden verführt zu solchen Spielchen. Das Bild-Wirkende, Ikonische, würde wenigstens noch ein gewisses Genießen ermöglichen, wie es ja auch in der Hypnose der Fall war, doch dafür ist in der Psychoanalyse kein Platz. Die Wahrheit, die in der *Analytischen Psychokatharsis* am Höhepunkt des Umschlagens der Katharsis zum Pass-Wort ins Ge-

---

[62] Lacan, J., Seminar XVI, Turia & Kant (2022) S. 109
[63] Gezeigt in meinem Buch ‚Visionen: das anders herum von Liebe und Tod‘, BoD (2021). Ich fasse den Begriff ‚Vision‘ als vergleichbar dem reinen Bild-Wirkenden, Ikonischen auf. Es geht um keine religiösen, auch keine politischen ‚Visionen‘.

nießen mit eingebettet ist, erliegt in der Psychoanalyse dem genannten pessimistischen Zwang. Warum das Unbewusste nicht bildlich geführt sich enthüllen lassen, wenn es der Wahrheit dient?

Ich komme auf diese wichtigen Dinge noch zu sprechen, denn sie haben sehr viel mit der Wahrheit als ‚Mehrlust' zu tun. Was genau ist Wahrheit, fragte schon Pilatus, der sich angeblich sehr für religiös-philosophische Grundfragen interessierte. So erwähnt bei Paul Claudel in seinen Schriften, wonach Pilatus oft im damaligen Palästina umhergereist sei und religiöse Stätten aufsuchte. Er fragte jeden Tempelpriester oder Wächter eines Sanktuariums: „Was ist Wahrheit"?[64]   Doch stets hielten die Befragten zuerst die Hand auf: „Bezahle, dann bekommst du eine Antwort". Aber dies kannte Pilatus schon von seiner römischen Heimat her. Die Jupiterpriester wollten für jede Handlung, auch für Dienste an Juno, Mars oder Apollon im Tempel immer erst Geld. Deswegen kann es nicht verwundern, dass Pilatus auch Jesus die gleiche Frage stellte: „Was ist Wahrheit?"[65]

Die Antwort ist nicht genau überliefert, aber sie wird in etwa so gelautet haben, wie es schon bei Johannes 14: 6 steht: „Ich bin die Wahrheit". Ich bin der, dessen Rede

---

[64] Den Hinweis auf Pilatus fand ich bei J. Lacan in Mon Enseignement, Ed. Seuil (2005) S. 26. (Weniger ergiebig sind neuere Veröffentlichungen wie die von E. Schmitt: das Evangelium nach Pilatus, das sich aber an einigermaßen glaubhaften historischen Überlieferungen überhaupt nicht orientiert).
[65] Johannes 19; 38

die Wahrheit authentifiziert, ja, dessen Sein, dessen Bild-Wirkendes schon die Wahrheit ausstrahlt. Doch auch das war etwas, was Pilatus nur kurz verwunderte. Denn die vielen Sektierer und Prediger, die ständig davon reden, dass sie die Wahrheit einfach aus sich selbst haben, auch die kannte Pilatus schon aus seiner Heimat. Es sind die Neurotiker, die Pathetiker, denen es immer wieder durch ihr suggestives Temperament gelingt, Leute um sich zu scharen. Pilatus hat sich trotzdem reichlich Mühe gemacht. Es heißt ausdrücklich, dass er ständig erneut nach Gründen suchte, wie er Jesus frei bekommen könnte. Aber Jesus machte es ihm nicht leicht. Pilatus wand sich hin und her, um die heiklen Aussagen in diesem Prozess zu relativieren. Aber er konnte so die Wahrheit, die wahre Wahrheit, nicht finden. Das Wahre war ihm nicht real genug. Die Rede nicht genug Sichtung (in meiner Nomenklatur: das Bild-Wirkende zu wenig Wort-Wirkendes und umgekehrt).

Immerhin beendete Lacan den XVI. Seminarvortrag mit dem Hinweis auf das Genießen zwischen Mann und Frau, das von Freud nicht ganz geklärt werden konnte und von der Religion „in seiner ganzen Primitivität gelassen würde. Worüber man sagen muss: Gib ihr das, was du nicht hast [worunter Lacan die Liebe versteht], denn was dich mit ihr vereinen kann, ist einzig ihr Genießen (die ‚Jouissance').“[66] Sie ist keine simple ‚Mehrlust' mehr, sondern Autochthonie. Doch benötigt man

---

[66] Lacan, J., Seminar XVI, Turia & Kant (2022) S. 27

nicht gerade dafür eben mehr das Bild-Wirkende und seine Praxis?

Lacan war der Auffassung, dass die Liebe, so wie sie allgemein kommuniziert wird (und auch wohl immer kommuniziert worden ist und werden wird), ein Täuschungsakt ist, der ziemlich komisch wirkt. „Lieben heißt geben, was man nicht hat", sollte heißen, dass der Gebende schon ahnt, dass er nicht viel für den Liebesakt tun muss, denn bereits wenn er das ‚Lie-' ausgesprochen hat, fällt der Nehmende in einen Glücksrausch und gibt das ‚-be' von sich aus dazu. Er merkt somit gar nicht mehr, dass er nichts bekommen hat, sondern den größeren Teil dazu gegeben hat. Die Liebe ist eine Spiegelung, in der das Reale auf der Strecke bleibt. Ein bildwirkendes Ikon, ein ‚visionärer' Blick, einen Glanz im Auge (‚ultrasubjektive Ausstrahlung'), der positiv wäre, könnte – durch *Formel-Worte* gelenkt – zur Transition ins Symbolische führen. Ein echtes ‚Mehrsein' im Gegensatz zu Narziss, der nur sich selbst sieht.

6. Die Allround-Wissenschaftler

Ich komme nochmals auf das umfangreiche und auf allen
Kanälen als wissenschaftliche Besonderheit herausgeho-
bene Buch von D. Graeber und D. Wengrow, ‚Anfänge,
eine neue Geschichte der Menschheit‘, zurück. Die Autoren stellen J. Rousseaus ‚Zurück zur Natur‘ und seinem
Versuch, eine ideale, natürliche, egalitäre Gesellschaft
aufzuzeigen und Hobbes ‚Leviathan‘ und seiner Behaup-
tung des Kampfes aller gegen alle, extrem gegensätzli-
che, und doch auch gleichzeitig völlig falsche Theorien
gegenüber. Egalitäre Gesellschaften habe es gelegentlich
an verschiedenen Orten gegeben, und auch gewalttätige
Hierarchien existierten unabhängig von bestimmten Vo-
raussetzungen, zu. B. dem Beginn der Landwirtschaft
und ihrer Betonung des Eigentums. Hin und her wälzen
Graeber und Wengrow tausende von Einzelheiten, um
letztlich zahlreiche Vorurteile hinsichtlich archäologi-
scher und anthropologischer Forschung zu widerlegen.

Gleichheit und Ungleichheit, Freiheit und Unfreiheit,
nirgendwo lassen sich diese beiden Begriffe auf bestimmte Verhältnisse festlegen, und so kommt man nach
den interessanten und zum Teil auch spannenden Schilderungen zum Schluss auch zu keinem Fazit. Hätte man
dies nicht schon gleich verraten und den Text deutlich
verkürzen können? So wird der Ethnologe K. H. Kohl
bei Perlentaucher damit zitiert, „in den Begründungen
der Thesen fänden sich doch zunehmend Ungereimthei-
ten und Kurzschlüsse unter der ‚geschickten‘ Rhetorik

der Autoren - so würden etwa die Aussagen des Huro-
nen-Häuptlings Kondiaronk [der viele westliche Wissen-
schaftler vom ‚edlen Wilden' überzeugte] ‚für bare Mün-
ze' genommen, ohne dessen Sprechersituation kritisch zu
hinterfragen.‘[67] Die Kulturforscher B. Scherer und A.
Franke dagegen, sehen in Graebners und Wendrows
Buch eine kopernikanische Wende, und es wird, wie sie
hoffen, zu einer Selbstaufklärung des überheblichen
Westens beitragen. Eine Chance zum ‚Mehrsein'?

Das ist jedoch meiner Ansicht nach gar nicht die Auffassung der Autoren, die eben ein allgemeines Fazit offen
lassen. Ich erwähne hier die ganze Geschichte trotzdem,
weil es sich heute schon beinahe grundsätzlich so verhält, dass enorme wissenschaftliche Arbeit, minutiöse
Recherchen und Zitate und ungeheure Belesenheit nicht
dazu führen, auch für die Praxis der Menschen heute
Konkretes in die Hand zu bekommen. Graeber und
Wendrow können keine neue Gesellschaftsordnung emp-
fehlen, sie können nicht Marx neu interpretieren oder
eine Lösung für die Spannungen zwischen Ost (autorita-
tive Strukturen) und West (ausufernde Demokratien)
konstatieren. Und mit Freud und Lacan würden sie schon
überhaupt nichts anfangen können. Sie wirken zwar wie
Alleskenner, da sie auch auf Architektur, Ackerbau, Geschichte, Geographie, Bodenkunde und viele andere Dis-
ziplinen eingehen. Und damit sind sie gerade nicht ‚Eins-

---

[67] Perlentaucher vom 29. 1. 2022

Kenner', auf die Lacan und ich ihm folgend großen Wert legen.[68]

Auch in einer anderen, neuen Veröffentlichung rückt nun der Anthropologe und Verhaltensforscher M. Tomasello in den Mittelpunkt der Alles-Kenner. Auch er hat enorm viel geforscht, experimentiert, gearbeitet und gelesen. Bereits vor langem hob Tomasello in einer Diskussion mit dem Philosophen J. Habermas heraus, dass schon reines Gesten- und Zeigeverhalten, insbesondere sogenannte „ikonische Gesten" den Anfang verbaler Kommunikation unter den Menschen darstellen würde.[69] Habermas postulierte dagegen die Entstehung der Sprache aus dem Sprechen selbst heraus.[70]. Doch in dem neuen, beinahe ebenfalls wieder sechshundert Seiten dicken Buch, hat Tomasello jetzt eine umfassende Beschreibung über das Wesen des Menschen und seine Kommunikation vorgelegt, die sich auf evolutionäres Gedankengut und psychologische Experimente in tiefgründiger Weise

---

[68] Lacan verweist vielfach auf die Mengenlehre, das gesamte Seminar XIX kreist um das Wesen der Eins, um die Henologie, um die Wissenschaft der Unifizierung, der Eins-Bildung, die ihm ja wie auch Freud beim Thema Mann und Frau nicht gelungen ist. Kann er „ein Subjekt als Subjekt eines ganzen Diskurses vereinheitlichen", wie er sagt? Nein, dies gelingt nicht, dazu braucht es intersubjektive Praxis, wozu ich noch Stellung nehmen will.

[69] Tomasello, M. Die Ursprünge der menschlichen Kommunikation, Suhrkamp (2009)

[70] Leipziger Diskussion Habermas / Tomasello in der ZEIT vom 18.6.2014, S. 46

stützt. Hier hat man sehr stark das Gefühl, dass der Autor unbedingt ‚mehr sein' will.[71]

Er geht von dem Begriff der Intentionalität aus, den er zwar nicht weiter erklärt, so dass ich ihn mit dem Wort ‚Vorhaben', gerichtete Strebung, Auf-Etwas-Aus-Sein, einmal vorläufig übersetze. Andere sagen, es handelt sich bei der Intentionalität um die ‚Ausrichtung aller psychischen Akte auf ein reales oder ideales Ziel' oder um ‚die Fähigkeit des Menschen, sich auf etwas zu beziehen (etwa auf reale oder nur vorgestellte Gegenstände, Eigenschaften oder Sachverhalte)'.[72] Auf jeden Fall steht am Anfang der menschlichen Intentionalität, gleichermaßen wie auch bei den Menschenaffen, die „individuelle Intentionalität."

Tomasello vergleicht nämlich das Menschenkind mit den Schimpansen und Bonobos, wo sich in den ersten Lebensmonaten des Kleinkindes wie auch der Menschenaffen (auch der schon älteren) diese individuelle Intentionalität zeigt, die jedes der untersuchten Lebewesen nur auf sich bezieht. Nach neun Monaten des Menschenkindes jedoch tritt die geteilte Intentionalität auf, die bei den Menschenaffen nur in geringstem Maß auftritt. Geteilt heißt, zwei oder später sogar mehr Individuen interagieren miteinander innerhalb dieser gleichen, geteilten Intentionalität. Bei den Kindern bekommt nämlich ab dieser Zeit eine soziale Komponente deutlich mehr Gewicht als bei den Menschenaffen.

---

[71] Tomasello, M., Mensch werden, Suhrkamp (2020)
[72] Wikipedia, Intentionalität

Tomasello meint, diese soziale Kompetenz würde vor allen dadurch gestärkt, weil das Menschenkind von mehr Bezugspersonen als nur seiner Mutter betreut wird. Das Kind muss also früh anfangen mit mehreren Bezugspartner zu interagieren, zu kooperieren und die besagte geteilte Intentionalität entwickeln. Tomasello betont mehrmals, dass es insbesondere dieses Phänomen sei, die den weiteren sich entwickelnden Unterschied zum Menschenaffen herstellt. Doch hier findet sich bereits der erste Punkt einer Kritik, die meiner Ansicht entscheidend ist, wenn sie auch an der Grundtatsache, dass Mensch und Tier sich auseinanderbewegen, nichts ändert.

Ich habe nämlich in Tansania Löwengruppen gesehen (und auch später darüber gelesen), wo die Löwenkinder bei anderen Löwinnen und älteren Geschwistern bleiben mussten, wenn ihre Mutter mit zwei oder drei anderen Müttern auf die Jagd gingen. Genau wie bei den Menschen existiert anfänglich nur die individuelle Intentionalität, indem die Löwenmutter ihre Kinder ganz abseits vom gewohnten Rudel zur Welt bringt, und so erst einmal diese dyadische Beziehung im Vordergrund steht. Doch nach einiger Zeit kehrt sie zum Rudel zurück, wo sie und ihre Kinder mit Wohlwollen, intensivem Körperkontakten und Vertrautheiten begrüßt werden. Das Rudel besteht aus dem Löwen Papa, der meistens nicht zu Hause ist, und weiteren Löwenmüttern und deren unterschiedlich alten Kindern.

Zu all diesen Gruppenmitgliedern müssen die neuen Kinder eine geteilte Intentionalität herstellen, denn die eigene Mutter ist nunmehr verpflichtet, oft mit ein oder zwei der anderen Mütter auf Jagd zu gehen. Doch die neuen Kleinen finden sich damit gut zurecht, indem sie also auch ein bisschen geteilte Intentionalität haben. Diese kann vielleicht ganz anders gesteuert und motiviert sein, als bei den menschlichen Kindern. Dennoch: Tomasello hat offensichtlich davon keine Ahnung, denn dieses Phänomen gibt es tatsächlich nur bei den Löwen und bei keinem anderen Tier, also auch nicht bei den Menschenaffen. Trotzdem ist die Sache erwähnenswert, weil Tomasello exakt auf die geteilte Intentionalität als einen der wichtigsten den Menschen bestimmenden Vorgänge hinweist.

Egal, Tomasello führt nun zahlreiche und gut belegte Beispiele an, wie Menschenkind und Affe sich mehr und mehr auseinander entwickeln und so ab dem dritten kindlichen Lebensjahr über eine weitere Intentionalität verfügen, nämlich die kollektive Intentionalität. Dazu sind ganz andere kognitive Leistungen und noch weiter verstärkte Sozialkompetenzen nötig, über die nun kein Tier, kein Affe und auch kein Löwe mehr verfügt, denn das Kollektiv umfasst jetzt auch viele Menschen außerhalb der Familie oder der üblichen Bezugspersonen.

Vor allem die Untersuchungen zu Blickverfolgungen, Blickrichtungs- und Aufmerksamkeits-Einstellungen haben Übergänge ins Spiel gebracht, in denen sich Mensch und Affe ganz anders verhalten. Denn die Aufmerksamkeit beim Kleinkind ist im zweiten Lebensjahr nicht mehr nur dyadisch (folgt dem Blick, der Aufmerksamkeit der Mutter, des Erwachsenen, des Älteren), sondern bereits „triadisch" geworden, hat also den Sinn der Aufmerksamkeit beim anderen mit in die eigene Aufmerksamkeit und deren Sinn integriert. Wieder ist hier das verstärkt Soziale mit am Werk und bahnt eine sogenannte Protokommunikation an, also eine Protosprache. Jetzt gibt es kaum noch vergleichbare Elemente zwischen Kind und Menschenaffe.

Doch das ganze wunderbare System Tomasellos kommt ins Schwanken, wenn es um das Wesen der Sprache als solcher, der symbolischen Ordnung, der semantischen, syntaktischen, grammatischen, lexikalischen etc. Zusammenhänge geht. Tomasello ist ein ganz großer Vertreter und Befürworter für den Spracherwerb durch vorausgehende Zeigegesten- und Gebärden-Kommunikation. Soziale Imitation und geteilte sowie kollektive Intentionalität führen zu einer konventionell sprachlichen Fähigkeit, die er auch die sozial-pragmatische Auffassung des Spracherwerbs nennt. All diese Austauschfunktionen steigern sich schließlich zu der „völlig erlernten' und „völlig sozialen" Sprache, die letztendlich „kulturell normativ" und als die Kultur weiterhin fördernd erweist, und den Menschen zu seinen kollektiv und konformen geistigen Höchstleistungen führt. Doch die soziale Imitation kann nur eine Signalsprache fördern, wie sie auch die Tiere kennen, und keine wirkliche Symbolsprache.

Diesen Unterschied zur Symbolsprache, also zur Sprache als solcher, die auch eine unbewusste symbolische Ordnung mitbeinhaltet, diskutiert Tomasello nicht. Lacan bezeichnet das durch Spiegelungen Verinnerlichte (maßgebliche Zeichen der Natur) letztendlich als das ‚Ding‘ und den durch Sprachliches ins Seelenleben integrierten bedeutenden *Anderen* (Eltern, Lehrer, Analytiker) als wesentlich für das, was sich dann durch die erwähnten Losungsworte oder Identitätsworte (wiederholt, betont, letztlich basierend auf dem ‚Ton‘) ausdrücken lässt. Tomasello weiß auch nicht, dass die Menge der Signifikanten – wenn ich das, Lacan zitierend, so kurios sagen darf – minus Eins ergibt, dass also alles Reden, wissenschaftliches Erarbeiten, Diskutieren sich immer vor dem Hintergrund eines toten Signifikanten, eines Leersignifikanten abspielt, der eben im Unbewussten als S_2 sein Unwesen treibt und alles zum Kippen bringt. Doch es geht um eine Kippen in neue Paradigmata, ins neue Leben, in neue Beziehungen und Intentionalitäten. Das muss man nur sehen können.

Tomasello verwendet den universitären Diskurs, in dem der Professor immer mehr weiß als der Student, der andere Zuhörer, Mitdenker oder kollektiv Intentionalisierer. Er stellt das Wissen nicht wie der Psychoanalytiker ins Zentrum der Wahrheit, sondern eben in das eines ständigen Mehr-Wissens, mehr Forschens, mehr Begriff-Instrumentalisierens. Die universitären Bibliotheken und das immer überdimensional werdende Wissen werden immer überdimensionaler. Tomasello hat keine Ahnung, dass die Sprache der Enthüllung dient und nicht so sehr der Kommunikation, doch es geht um eine Enthüllung der Wahrheit, der das Wissen nur zu Diensten ist und nicht einen Alleingeltungsanspruch hat. Es geht um eine gelungenere Kombination des *Bild-Wort-Wirkenden*, die sich vermitteln will.

Und so schreibt er zwar auch: "Das kulturelle Lernen der Menschen bezieht sich nicht nur auf den Erwerb wichtiger Fertigkeiten und Wissensinhalte, sondern auch auf die Herstellung wichtiger sozialer Beziehungen". Auf ein Es, das vermittelt und das der Psychoanalytiker N. Sygmington auch die „Thathood", die ‚Dasheit' nannte. Doch dann argumentiert Tomasello weiter; „Eine der Hauptquellen des Zusammenhalts bei allen Typen sozialer Gruppen des Menschen . . ist die Konformität". Alle sollen konform, gleichgeschaltet sein, und so schildert Tomasello das gelungene, sozialverbindliche, mit moralischer Identität ausgestattete Normalkind, das auf konforme Verpflichtung, auf das kollektive und konforme ‚wir' ausgerichtet ist.

So werden Kinder, die vorher Erwachsenen versprochen haben, Spielsachen wegzuräumen, nunmehr, als letztere weggegangen waren, aus verschiedenen Gründen von diesem, ihrem Versprechen weggelockt (guter Grund einem in Schwierigkeiten zu helfen, schlechter Grund, ein Spiel zu spielen). Beim Zurückkommen werden die Kinder gefragt, warum sie die Spielsachen nicht weggeräumt haben. Beim guten Grund war alles ok., beim schlechten Grund aber druckten die Kinder herum und fühlten sich schuldig. Aber was ist daran unmoralisch?

Schließlich hatten doch die Erwachsenen sich diese Psycho-Studie ausgedacht, weil sie, und zuerst einmal nur sie die sogenannte moralische Identität hatten, die daraus bestand, dass Spielsachen immer sofort wieder aufgeräumt werden müssen. Na ja. Haben sie nicht den Kindern ein zu strenges Überich eingepflanzt?

Diese autoritäre Identität haben sie natürlich daher, weil sie selbst diese typisch menschliche Kindheit durchlaufen haben, die durch ständiges sich und andere beobachten, einbeziehen, sozial abwägen, neu moralisch justieren und im Zirkelschluss Tomasellscher Ontogenese zu verantwortungsbewussten, kollektiv intentionalistischen, moralisch identischen, kulturkonformen und sozialkooperativen Menschen wurden. Der Wertekatalog korreliert mit dem Sozialkatalog, der intentionalistische mit dem identitären, der imitative mit dem konformen, und so ist immer klar, wie es weiter, höher und gereifter zugehen soll. Aber was geschieht mit den ständig Unangepassten, den Beratungsresistenten und den notorischen Verweigerern? Dazu gibt es keine Information.

Was Tomasello erforscht hat, weiß man eigentlich schon lange, er hat es nur ausführlicher, wissenschaftlicher, akribischer bewiesen und dabei gleichzeitig den perfekt angepassten, normativ-normierten, idealtypisch moralisierten jungen Menschen in den Vordergrund gestellt. Nicht umsonst erwähnt er die Psychoanalyse mit keinem Wort und kennt wahrscheinlich auch all die moderne Literatur nicht, in der so viel über die konfliktreiche und leidvolle Kindheit geschrieben wird, über Mobbing und gegenseitige Gemeinheiten in der Schule, über ständige Missverständnisse und Misshandlungen im Elternhaus, etc. ‚Moralisches Selbst', ‚moralisches Handeln', ‚moralische Urteile', ‚moralische Gemeinschaft', moralisch im Sinne des Unparteiischen gegen sich und andere, ‚moralischer Diskurs' bis hin zu der bei Tomasello alles gegenseitig stützenden schwindelnden Höhe der ‚zentralen moralischen Identität'. Sie ist der Gott des ontogenetischen (eigentlich psychoedukativen), Tomasellschen Forscherteams.

Aber warum gibt es dann trotz dieses mit ca. sechshundert hochkarätigen Literaturnachweisen bestückten Höhenflugs immer noch grauenhafte Kriege, Folter, Korruption, Intrigen, Ehedramen, Lug und Trug, Diebstahl, Mord und Perversion, wenn diese perfekt intentionalisierenden Kinder älter geworden sind? Ist Tomasello ein schöngeistiger Positivierer, der einen an I. Kant erinnert, als dieser behauptete, ein Mann, auf den draußen der Galgen wartet, könnte keine Lüsternheit mehr aufbringen, wenn man ihm noch vorher die Dame seiner Begierden zuführen würde. Muss man wirklich Therapeut sein, um zu wissen, dass „es nicht unmöglich ist, dass dieser Mann kaltblütig ins Auge fasst – um der Lust willen – die Dame in Stücke zu schneiden, zum Beispiel"?[73]

Kant wollte und konnte sich in seiner entrückten Gedankenhöhe die Vernunft einer totalen Unreinheit, eine totale Antivernunft, einer aggressiven Perversion, nicht mehr

[73] Lacan, J., Die Ethik der Psychoanalyse, Quadriga (1995) S, 135

vorstellen, er konnte sich nicht mehr daran erinnern, dass es noch ganz andere Lüste gibt, denn die hätten sein Gebäude ins Schwanken gebracht. Kant und wohl auch den ontogenetischen Forschern ergeht es wohl so, wie es schon Aristoteles ergangen ist. Die Leute, die nicht in sein System passten, die widerborstig, sexuell deviant und sonst andersartig waren, nannte er τέρατες (terates, Bestien, Scheusale), und solche passen nicht in Tomasellos Werk, obwohl sie doch auch schon im Kindesalter vorkommen, bzw. von daher ihre Prägung erhalten.

Ich könnte etliche weitere All-Round-Wissenschaftler anführen, um zu ähnlichen Ergebnissen zu kommen, nämlich dass hochgradige, akademische, umfangreich gebildete Forscher aus den Bereichen der Humanwissenschaften Arbeiten vorlegen, die von enormen Wissen gekennzeichnet sind, aber keine praktischen Konsequenzen hinterlassen. Bewusstseins-Philosophen, bzw. modernen Kognitionswissenschaftler und Anthropologen wie Damasio, Dennett, Pinker, Eagleman, Precht, Harari und viele andere bringen in umfangreichen Büchern interessant und geistvoll die Frage nach der Wahrheit völlig zum Erliegen. Dennett beispielsweise erwähnt die Psychoanalyse, das Wort Liebe, Eros, Wahrheit, also all diese wichtigen und warmen Worte in diesem, seinem letzten Buch, kein einziges Mal.[74]

Alles ist von intensiven Forschungen aus dem Zusammenhang von Genen, Gehirn und Geist erfüllt. In Den-

---

[74] Dennett, D. C., Von den Bakterien zu Bach – und zurück. Die Evolution des Geistes, Suhrkamp (2018)

nets Buch sind es vor allem die sogenannten ‚Meme‘, die angeblich die Menschen zu „intelligenten Designern" machen. Der Begriff der ‚Meme‘ stammt vom Evolutionsbiologen C. R. Dawkins, der seine Forschungen hauptsächlich auf die alles beherrschende Funktion der Gene zurückführte. Bei ihm war das Gen sogar ‚egoistisch‘, und um weitere, tiefere Begründungen für derart Psychologisches und Geistiges zu erstellen, führte Dawkins diese Art ‚geistiger Gene‘ ein, Kognitionselemente, die auch bei Dennet herumspuken.

Dennett bezeichnete die Kluft zwischen Materie und Geist als ‚kartesische Wunde‘, und wollte sie in einer umfassenden Einheit überwinden.[75] Er erklärt diese Einheit als ‚Kompetenz ohne Verständnis‘, indem er bei den Lebewesen von einer biologischen bottom-up App der Gene spricht. Diese geht jedoch über in eine geistvolle Top-down App der genannten ‚Meme‘, wodurch die Kompetenz auch Verständnis hat. Beide sind aber durch eine großartige Analogie verbunden, da sich beide gleichermaßen rekursiv erneuern, und darin liegt ihre eigentliche Kompetenz. „Am Nestbau der Vögel, den Prellsprüngen der Antilopen und dem Verhalten des Flötenregenpfeifers erklärt Dennett, wie die Natur „Kompetenz ohne Verständnis" schafft. Wie sie Lebewesen hervorbringt, die auf intelligenteste Weise an ihre Umgebung angepasst sind, ohne dass sie ihr eigenes intelligen-

---

[75] R. Descartes hatte Natur und Geist für unvereinbar und deswegen in ständigem Streit miteinander liegend gehalten.

tes Verhalten verstehen müssen".[76] Aber was hat dies mit den Menschen zu tun?

Wie kommt es nun zu dem Sprung in das Geistige und dessen Kompetenz mit Verständnis? Denn der Mensch ist ja kein Flötenregenpfeifer, und so fängt Dennett an zu faseln, dass es ‚kulturelle Entitäten' gäbe, eben die Meme und deren Analogie zu den Genen, und dass damit plötzlich eine grundlegende Kompetenz existiert, die von den Bakterien bis zum Komponisten J. S. Bach reicht. Nun ist der Begriff Kompetenz als übergeordnetes Prinzip für alles gar nicht so schlecht gewählt, wenn er wirklich die kartesische Kluft überwindet. Doch er überwindet sie nur auf dem Papier. Denn um hier wirklich ein Überwinder zu sein, müsste der Mensch in allem kompetent sein, ein Nietzscheser Überkompetenter, ein ‚Mehrseiender'.

Genauso ergeht es einem mit einem weiteren dieser Alleswissenschaftler, nämlich A. Damasio, der in seinem Buch „Selbst ist der Mensch" von der biologischen Evolution angefangen über viele neurowissenschaftliche Forschungen ein System von Gehirn, Geist und Selbst in zahlreichen Ebenen gegliedert vorführt.[77] Alles hört sich wirklich interessant an und zeugt von enormer Arbeit, aber es ist total bedeutungslos und irrelevant. Das Wort Geist verwendet er völlig im Sinne einer Informations-

---

[76] Schröder, T., Evolution des Geistes, Deutschlandfunk, 8. 8. 2018

[77] Damasio, A., Selbst ist der Mensch. Körper, Geist und die Entstehung des menschlichen Bewusstseins, Siedler (2011)

struktur, so dass für ihn Insekten Geist haben, wenn auch ohne Bewusstsein. Das Selbst dagegen ist eine Mischung aus Geist und Vernunft, das nur im Menschen auftaucht und eben Bewusstsein hat und zwar aus einer inneren Revolte her. Aber egal, warum nicht die Nomenklatur etwas umstellen. Warum sollen nicht die Ameisen Geist haben.

Denn beim Menschen kann dieser Geist ja plötzlich rebellisch werden, weil das dazukommende Selbst mit dem Geist Vernunft und Wissenschaft entwickelt und dann . . . das „biologische Wertesystem", das generelle und besondere Überleben, noch von einer komplexeren Warte her sichern kann. Kurz: der Mensch ist eine äußerst vielschichtige Maschinerie, bei der alles innen mit allem außen wechselwirkt, um zu überleben, was durch diese unklare Art von Rebellion zustande kommt. Schon in einer früheren Veröffentlichung hatte Damasio dem Gehirn eine eigene Kreativität zugeordnet, während der Geist nur ein privater, komplexer biologischer Prozess ist.[78]

Dem Bewusstsein wiederum liegen Erkenntnisvorgänge zugrunde, es gibt einen ‚dispositionalen‘, wortlosen, unbewussten Raum, der wohl meist durch Sprache zu einen bewussten Vorstellungsraum erweckt wird. Aus beiden Büchern Damasios konnte ich auf Grund zu vieler zwischengeschalteter Begriffe (Kernselbst, Protoselbst, vorprogrammierte Mechanismen, mentale und neuronale

---

[78] Damasio, A. R., Ich fühle, also bin ich, List (2000)

Muster, Repräsentationen und Re-Repräsentationen, basale Aufmerksamkeit, Kern-, Selbst- und erweitertes Bewusstsein, etc.) keine Klarheit darüber bekommen, warum man ist, weil man fühlt.

Damasios Buch wurde daher auch von E. Löhr im *Spektrum der Wissenschaft* wegen seiner „äußerst schwammigen und unwissenschaftlichen Formulierungen" und anderer meinen Anmerkungen hier ähnelnden Thesen kritisiert.[79] Wahrheit also, aber auch Psychoanalyse, die Namen Freud oder Lacan, kommen in Damasios Büchern genauso wie bei Dennett kein einziges Mal vor. Für ihn ist die Materie, die Biologie, die neuronale Vernetzung, die Ursache von all dem, was er beschreibt, und er weiß auch warum: aus purem Überlebenswillen. Das ist wohl die Einsicht eines großen Egos, das keinen ‚freien Willen' hat, aber ebenfalls, wie Tomasello, ‚mehr sein' will.

Es gibt bei Damasio also kein Subjekt, das einer symbolischen Ordnung unterstellt wäre, jenem Spiel der *Signifikanten,* diesem sprachlich *Anderen* in uns selbst, wie es in der Psychoanalyse und speziell auch in der *Analytischen Psychokatharsis* der Fall ist, deren Einsichten dagegen das Ego eher klein erscheinen lassen. Das Subjekt steht hier im Vordergrund, aber nicht als Subjektives, sondern als – und jetzt komme ich wieder auf das Gedächtnis zurück – besonders erinnerungs- und lernfähiges Gedächtnis. Die Grundlage der klassischen Psychoanalyse war und ist es auch noch, Dinge aus der Erinnerung zu

---

[79] Löhr, E., Geist + Selbst = Bewusstsein oder so, Spektrum der Wissenschaft 3 / 12, S. 98

heben, die vergessen schienen. Traumatische Erlebnisse werden im Inneren oft so abgespalten, dass es direkt Mühe macht, sie wieder wenigstens so weit ins Gedächtnis zu rufen, dass man sie bearbeiten kann.

So spricht Damasio zwar von Subjektivität, erklärt aber nicht, was er unter Subjekt versteht. Es wird lediglich zwei Mal die unklare Chimäre eines ‚Selbst-als-Subjekt-und-Wissender‘ erwähnt. Dabei hätte er doch nur einmal die umgekehrte Version des ganzen Geist-Gehirn-Dramas durchbuchstabieren müssen, nämlich nicht ständig nur darauf zu beharren, wie das Gehirn den Geist erzeugt, sondern auch mal zu fragen, wie der Geist das Gehirn beeinflussen kann. Man liest heute doch immer wieder darüber, wie plastisch, biegsam, formbar das Gehirn ist, und gerade mit Hilfe der Epigenetik lassen sich hier ganz andere Schlüsse ziehen, als Damasio sich vorstellt.

Es handelt sich doch eher um die Gedanken, die man bei sich nicht mag, und die zu denken Überwindung und Anstrengung bedeutet, die sich – in den verschiedenen Schichten, bewussten, halb- und unbewussten tummelnd – aufs Epigenetische stärker auswirken. Selbstverständlich in positiver Weise nur dann, wenn man sich analytisch, also auflösend mit ihnen beschäftigt. Denn die unterdrückten Prozesse sind es ja, die die Epigenetik auch negativ steuern können. Die unterdrückten Gedanken wirken sich dann in den Schaltstellen des Hippocampus und der Amygdala aus und schweißen das Unbewusste zum verhärteten Block zusammen, während die psychische Lösungsarbeit die Verschaltungen lockert und neue Felder der seelischen Entwicklung öffnet.

So aber kann der Geist – bewusst und unbewusst – das Gehirn verändern. Nicht das ‚Selbst-als-Subjekt-und-Wissender‘, sondern das ‚dem Unbewussten unterstellte Subjekt‘ ist dann das Entscheidende, das Damasios Erörterungen nunmehr konterkariert, indem die sprachliche Verfasstheit des Unbewussten bis in die frühesten Proto-Formen hineinreicht, in denen Damasio nur Bilder, Karten und Muster sieht. Wissenschaftlich bewiesen ist dies alles einschließlich der ‚Meme‘ nicht, sie sind vielmehr nur die Ausrede dieser materialistischen Forscher, die dann nicht wissen, wo sie als Subjekte mit ihren psychisch Unbewussten hin gehören.

In diesem Sinne hat schon vor langer Zeit die Wissenschaftsjournalistin J. Rubner unter der Überschrift „Volksverblödung auf höherer Stufe" in einem Artikel der Süddeutschen Zeitung diese Pop-Intellektuellen wie ich sie gerade oben als Allround-Wissenschaftler aufgeführt habe, kritisiert, die mit einem ausgefeilten Begriffsinstrumentarium aus Linguistik, Neurowissenschaften, Informatik etc. phantasievolle, aber unhaltbare Thesen aufstellen, medienwirksam unter die Leute bringen, und so unser Verständnis vom Fühlen und Denken, Wissenschaft und Glauben nur noch mehr verwirren.[80] Sie bezog sich damals vorwiegend auf das Buch von S. Pinker mit

---

[80] Rubner, J., SZ vom 5/6.12.98 S. III

dem Titel ‚Der Sprachinstinkt', worauf ich jetzt nicht mehr eingehen muss.

Denn es ist klar geworden, woran die übliche, universitäre Wissenschaft heute leidet: an ihrer Subjektlosigkeit, an ihrem krampfhaften Versuch, ein großartiges Wissen zu verkünden. Und tatsächlich, es ist ja großartig, aber eben meistens nicht mehr relevant. Philosophie und Physik, für sich selbst haben sie immer noch Relevanz, aber für die Allgemeinheit? Wie viel Literatur, Arbeitsaufwand, Geld und Zeit steckt bereits in den Forschungen über die Stringtheorie, die Supersymmetrie und ähnliche andere Bemühungen, aber wie viele Menschen haben davon schon etwas gehört oder gar deren wohltätige Erkenntnisse genossen? Schauen wir in die Zukunft. Lauschen wir dem Formel-Wort-Flüsterer.

7. Virtuelle Schizoidie

Anfang der Zweitausender Jahre gab es im Internet ‚Second Life' zu bewundern. Man konnte am Computer zu Hause in eine virtuelle ‚Realität' eintauchen, sich dort Figur und Namen zulegen, mit anderen kommunizieren sowie Land und Gegenstände kaufen. Doch nach etlichen Jahren nahm die Zahl der Nutzer dieser digitalen Plattform deutlich ab. Inzwischen wird sie jedoch von der zigfach größeren Geisterwelt ‚Roblox' überholt, die – schon an der realen (!) Börse – bereits vierzig Milliarden Dollar wert ist. Man darf sich nicht täuschen lassen, die Sache hat ihre Faszinationen, so wie es, gerade erst mal vor hundert Jahren, der Film in seinen geheimnisvollen und noch urgemütlichen Kinos auch getan hat. Und schon da hat man sich ein bisschen irrealisieren lassen, wenn einem das reale Leben zu monoton erschien.

Selbstverständlich handelt es sich bei ‚Roblox' um eine noch heftigere Realitätsflucht, aber wenn die andere Realität einfach die bessere ist, warum nicht dort die meiste Zeit verbringen? Na klar, einen Fuß muss man noch in der alten Welt lassen, wo es das Taschengeld oder die Rente gibt, die man nämlich leider auch noch benötigt, um das Spielgeld namens Rubox zu kaufen, mit dem man dann dort den Krösus spielen kann – oder auch nicht. Denn die Tücken des Lebens bestehen auch in der ‚virtuellen Realität'. Ja schlimmer noch, Sex darf nicht passieren, fremde Spieler können das Ganze durcheinanderbringen, auch wenn es zur Zeit (2022) schon 1600 Angestellte bei Roblox gibt, die Inhalte – wie es ja auch in den

Sozialen Medien üblich geworden ist – auf eine Mindest-Anständigkeit überprüfen müssen. Man sieht und kennt die wahren Spieler ja nicht, die hinter der digitalen Fassade operieren und krumme Faxen machen. Das Ganze ist nicht sehr geistreich.

Zudem, vieles fehlt noch: man kann nichts schmecken und riechen, man kann keine Umarmung spüren, sondern nur so tun als ob, nicht wirklich schwimmen und die Sonnenwärme fühlen. Es ist ein Spiel, für Jugendliche vielleicht ein Spaß, der von den Eltern wegen nicht altersentsprechender Inhalte mehr überwacht werden muss als wenn sie mit Freunden auf eine Party gehen. Und für Leute über dreißig ist die Gefahr der zunehmenden Verblödung groß. Ich habe es nie verstehen können, dass erwachsene Männer, darunter auch angesehene Leute wie Minister in der Regierung, sich zu Hause ein Eisenbahnzimmer eingerichtet haben. Ein ganzes Zimmer nur zum Spielen mit Miniatur-Lokomotiven, -Wagons und -Haltesignalen! Sie regredieren auf die Stufe eines Zwölfjährigen! Manchmal stoßen die alten spielsüchtigen Männer Pfiffe wie es die alten Dampfloks aus und sprechen mit den Bahnhofsvorstehern aus Playmobil.

Mein Gott, einmal ein kurzes Spiel, vor allem, wenn es noch der Fitness dient oder dem Sozialkontakt, ist kein Problem. Aber eine zweite Welt, wenn es in der ersten so viele Probleme gibt, die zu lösen wären: Hunger bei zig Millionen, Kriege im Jemen, Kongo, Ukraine, etc., Klima- und Umweltkatastrophen, gesellschaftliche, politische Spannungen wohin man schaut. Vor einer derartigen desaströsen Kulisse kann man doch nicht den Kopf in gekünstelte Irrealitäten stecken. Gewiss enthält auch mein Verfahren der *Analytischen Psychokatharsis* einen Gefahrenmoment, wenn sich nicht sofort das einstellt, was man sich erhofft und man die Motivation verliert. Letztlich betrifft es das Geschehen, das Freud mit dem Begriff der ‚Vorstellungsrepräsentanz‘ eingeführt hat, also das, was die Triebkraft im Psychischen repräsentiert, etwas Primäres, mehr Bild-Wirkendes. So sucht der Schautrieb sich ein Objekt in Form heftigster Blickbilder, verliert sich aber darin in einer Bild-Blick-Folge, die eben keine Distanz, keine Ruhebetrachtung ermöglicht. Die Bild-Blicke schaffen sich ihre eigene Welt, mit der sie verschmelzen.

Diese Welt zu zähmen gelingt dem Maler auf seine Weise, mit der er einen im Farb- und Form-Stil seiner Gemälde einfängt, vor denen man dann auch einige Momente stehen bleibt, um sich – durch die Kunst immer noch gut distanziert – im Ikon des Künstlers beeindrucken zu lassen. In ganz erstaunlicher Form gelingt dies auch in sogenannten ‚luziden Träumen‘, in denen sich ein Ikon an andere reiht. Bekanntlich ist man sich darin so halb bewusst, dass man träumt und kann so den Rausch der Bilder, das Ikonische voll genießen. Denn der kathartische Genuss des ‚luziden Traums‘ ist dem in der Hypnose ähnlich, und zwar aus dem gleichen Grund einer leichten inneren Distanz, wie ich sie auch für das Ikonische in der Meditation fordere. Ich gehe noch später darauf ein, dass hier das klein **a** der ‚Mehrlust‘ des Blicks in einer stabilisierten Beziehung zum Lacanschen großen A steht, so in K. Reichs ‚Ordnung der Blicke'. Man wacht vom luziden Traum schon nach kurzer Zeit wieder auf oder der Schlafwunsch überwältigt einen, indem man beginnt halluzinatorischen Unsinn zu denken, um wieder ganz in den Traumschlaf abzusinken.

Ich hatte vor vielen Jahren ein Phase, in der ich öfter in einen derartigen Traum geriet. Die Luzidität des Erlebten, Gesehenen und des irgendwie halbbewussten Zustands war faszinierend. In meinem Buch ‚Visionen: das anders herum von Liebe und Tod' habe ich beschrieben, wie in der *Analytischen Psychokatharsis* ebenfalls etwas derart Ikonisches, luzid Faszinierendes, Bild-Wirkendes in Reinform, durch die Anwendung der *Formel-Worte* in diesem Punkt der ‚Vorstellungsrepräsentanz' eine Zeit lang in Distanz gehalten werden können. Dadurch lässt sich ein direkter Einblick ins Unbewusste tun, der auch die Ur-Verdrängung lösen kann und die nunmehr weiter folgende sprachlich-logische Bearbeitung der Komplexe ermöglicht. Die klassische Psychoanalyse muss um solche Vorgänge einen Riesenbogen machen, da sie so unvermittelte visuelle Ausdrücke als nicht erreichbar ansieht, wohl aber reichlich Theorien (Lacans Topologien) dazu entwickelt hat. Doch von der blanken Theorie lernt der Patient nichts und der Therapeut nur wenig.

Bekanntlich erklärte Freud seinen in genügend tiefer Hypnose befindlichen Patienten, sie sollten sich an Ort und Zeit des ersten Auftretens ihrer Krankheitssymptome erinnern. Dieser Vorgang dauerte oft lange und brachte nicht immer die gewünschten Resultate. Es war ein mühsames Vorgehen. Denn wenn sich die Patienten an Früheres erinnerten und dies in klaren Bildern, wie in kurzfristigen ‚Visionen‘ auch ‚sahen‘, also relativ authentisch imaginierten, war es meistens so, dass sie – wie schon berichtet – wieder aufgewacht, nicht alles so zur Verfügung hatten wie im hypnotischen Zustand. Sie erinnerten sich nicht mehr so genau, was sie in der Hypnose alles gesehen hatten und fühlten sich davon auch nicht so betroffen, wie wenn es sich um Realität gehandelt hätte. Sie hatten eine Art Film gesehen und sich im kathartischem Genießen erfahren. Auch das war ein Second Life Vorgang, doch was hat man von diesem, zu Recht auch virtuelles Second Life zu nennenden Vorgehen, wenn man sich nicht damit ernsthaft beschäftigt? Selbst wenn man es, wie Freud es versuchte, im Wachsein besprechen kann, um es in eine perfekte, gute Kombination mit dem realen Leben zu bringen, scheint nichts Konstruktives heraus zu kommen.

Freud stoppte also diese Ikonik und Lustgeschichte und ließ die Leute jetzt reden, was das Zeug hielt, um aus den Zwischentönen, den Versprechern, den erzählten Träumen die verdrängte Wahrheit heraus zu filtern. Ein Mindestmaß des Ikonischen, Lustvollen, konnte er noch in den Begriff der Übertragung hinein retten, indem der Patient – wie schon oben erörtert – Bedeutungen aus früheren und anderen Beziehungen auf ihn als einem ‚Subjekt, dem Wissen unterstellt wird‘, überträgt. Unterstellung / Übertragung, Es *Strahlt / Spricht*, damit konnte man arbeiten, aber das Eindrucksvolle, das genussvoll Luzide wie in der hypnotischen Trance oder wie eben in der Meditation, konnte in seiner Blüte nicht mehr genutzt werden.

Zwar hat Lacan versucht durch die Hereinnahme der Topologie, der Einstein'schen Geometrie, der Knotentheorie und einer Art ‚weiblicher Wissenschaft' in Form vom mathematisierten Fadengeweben, dieses Ikonische zu betonen, aber es blieb eben Theorie, Abstraktion, nüchternes vereinfachtes, ineinander geschachteltes Formenspiel. Jedenfalls kann nur in der praktischen Verbindung, Vereinigung, des *Strahlt / Spricht* das wahre und höchste Ziel in reifer, gelungener Form mit einem guten Leben und auch einem guten Tod, erreicht werden, indem das Phänomen der Verschmelzung das volle Luzide, die ‚Jouissance', hier einen brauchbaren Platz findet. Ich habe schon unter dem Begriff Spielereien in der Meditation erzeugte ‚Visionen' von Landschaften und ähnlichem, aber auch Lacans kuriose Wortspiele angeführt, und muss diesbezüglich nochmals darauf hinweisen, dass sowohl der luzide Traum wie auch das Ikonische, Visionsartige in der *Analytischen Psychokatharsis* als bildwirkendes Isoliertes, nur eine, wenn auch wichtige, Nebenrolle spielen sollen und können.

Es geht eben um eine Erfahrung, die man gemacht haben sollte, um die enorme Wirkung des visuellen Feldes von Bild- und Blickhaftem zu kennen, aber dabei auch seine Grenzen zu spüren. Auch Versuche mit LSD, einem Halluzinogen, vermitteln einem dieses Visionsartige, doch die Erfahrung ist durch seinen Künstlichkeit und Entfremdungswirkung nicht mit der authentischen Erfahrung in der *Analytischen Psychokatharsis* vergleichbar. Schließlich ist man es in der Meditation selbst, der die Nähe der ‚Jouissance' zum Tod authentisch kennen lernt, der also – wie manche sagen – das Sterben lernen kann, wenn es sich nach innen zurückzieht, nahe am ‚vollendeten Objekt'. Das ist jedoch nicht wirklich vollendet, denn es ist nicht konstant.

Die Menschen sterben heutzutage nämlich so schlecht, vor allem die Psychoanalytiker. Schon Freud starb auf so schreckliche Weise, er litt jahrelang an Mundhöhlenkrebs wohl verursacht durch seinen lebenslangen massiven Zigarrenkonsum. J. Kollbrunner hat ausführlich darüber berichtet, wie viele wenig hilfreiche Operationen Freud durchmachen musste und wie am Schluss nur ein paar Morphiumspritzen seinem Leiden und Leben ein Ende machen konnten.[81] Bettelheim zog sich gleich eine Plastiktüte über den Kopf, Fenichel starb schon mit 48 Jahren an Übergewicht, Erschöpfung, Kampf um Anerkennung, und und selbst der von mir geschätzte Lacan hatte keinen guten Tod. Früher hatte er Studenten verspottet, die nicht wissen, was eine Aphasie ist, erkrankte aber selber im Verbund mit anderen neurologischen Störungen daran und litt zum Schluss auch an einem verheerenden Darmkrebs, der wahrscheinlich mit zu viel gutem Wein und zu exklusivem Essen zusammenhing.

Aber die Menschen leben anscheinend auch schlecht, wenn sie digitale Welten brauchen oder wenn sie wie

---

[81] Kollbrunner, J., Der kranke Freud, Klett-Cotta (2001)

Jeff Bezos eine fünfhundert Millionen teure Jacht benötigen, für die man noch eine historische Stahlbrücke in Rotterdam abbauen und dann wieder aufbauen muss, weil sie so hoch ist, dass sie dort nicht durchkommt. Für dieses Geld hätte man für sämtliche Flüchtlingskinder auf dieser Welt, die unter entsetzlichen Umständen leben, perfekte Auffanglager bauen können. Natürlich ist der Vergleich lächerlich. Das Grauenhafteste wird es immer neben dem Verherrlichsten geben, doch um all dies überhaupt aushalten zu können, sollte man nicht außerhalb von sich die zweite oder x-te Welt finden, sondern eine solche – wenn überhaupt notwendig – in sich selbst. Dort war man nämlich immer schon zu Hause, während die Second World oder die Roblox-Welt in einem nicht nur wie abgespalten, sondern auch verfremdend wirksam ist. Eine Einheit, ,Einsheit' ist weit weg.

Eigentlich sollte der Zwei-Ecken-Umweg, die Verdopplung, Wiederholung, das geschlossene ,Ein', l'Un, Einheit des Subjekts retten, aber die Menschen halten sich immer für zwei, beispielsweise für den Herrn ihrer selbst. „Sie brauchen sich nur irgendjemanden anzusehen, um zu wissen, dass er im Minimum sich für zwei hält, weil die erste Sache, die er Ihnen stets erzählt, die ist, dass wenn es nicht so gewesen wäre, es anders gewesen wäre, und es dermaßen besser gewesen wäre, weil das seiner wahren Natur entsprochen hätte, seinem Ideal, etc., etc. Die Ausbeutung des Menschen durch den Menschen beginnt auf der Ebene der Ethik." Man könnte auch sagen: auf der Ebene der Schizoidie, realer und virtueller Welt.

Und jetzt kommt wieder Marx ins Spiel, der nicht erkannt hat, dass die Reichen im Grunde genommen zu bedauern sind. „Es ist ganz und gar gewiss für einen Psychoanalytiker, dass es beim Reichen eine große Schwierigkeit gibt zu lieben. . . Gewiss ist, dass der Reichtum eine Tendenz hat, ohnmächtig/impotent zu machen. . . Der Reiche ist gezwungen zu kaufen, und um wieder die Macht/Potenz zurückzuerlangen, bemüht er sich, indem er kauft, zu entwerten. Das einfachste Mittel dafür zum Beispiel ist, nicht zu bezahlen. So hofft er, das hervorzurufen, was er niemals direkt erwerben kann, nämlich das Begehren das *Anderen*. . . Daher zwingt es den Reichen das Lieben zu verweigern. Er muss stets misstrauisch sein, dass man nur sein Geld will, und braucht den Hass und die Revolte gegen sich, um so wenigstens irgendwann einmal ein Gefühl zu erhaschen.

Die Liebesunfähigkeit und Impotenz der Reichen beweiskräftig herauszustellen, hätte möglicherweise die russische Revolution verhindert. Doch soweit dachte Marx nicht und der nur nach der Exekutivmacht lechzende Lenin schon gar nicht. Es hängt auch damit zusammen, dass sie beide von Liebe nichts verstanden, Marx betrog wie erwähnt seine Frau mit der Haushälterin, die er zudem schlecht bezahlte, gab das so gezeugte Kind zur einer Pflegefamilie und auch sein Sohn bekam kaum etwas von Marx für seine Ausbildung. Im Gegensatz zu seinen Theorien handelte er kräftig mit Aktien, war ständig krank (Karbunkel, Leber- und Lungenerkrankungen) und unleidlich. Von seinen sieben Kindern, um die er sich kaum kümmerte, starben vier noch im Jugendalter.

Und so war es erst Freud, der sich mit der Liebe beschäftigte, wenn es auch nicht gerade um die der Arbeiterklasse ging, sondern um die der Wiener Bohème.

Auch später – als die Zeiten für mehr freiheitlich Marxistisches offen waren – sind der Philosoph G. Deleuze und der Psychoanalytiker F. Guattari in ganz anderer Weise dahin gekommen, auch in der Materie Leben, Liebeskraft, Vitales, Amouröses und nicht nur Ökonomisches zu sehen. Sie waren mehr ökologisch-links-politisch und psychoanalytisch orientiert und erklärten, dass das Unbewusste durch die familiäre Struktur des Ödipuskomplexes zu sehr auf die Beziehung Vater/Mutter/Kind zurechtgestutzt wird. Die bürgerliche Repression bestehe nicht so sehr in der Ausbeutung der Arbeiterklasse, sondern eher darin, „die europäische Menschheit unter dem Joch von Papa und Mama zu belassen".[82] Das unbewusste Wünschen, das Begehren, der Trieb, sei im Grunde genommen nämlich „elternlos, es erzeugt sich selbst in der Einheit von Natur und Mensch".[83]

Diese Einheit, so schrieben sie, besteht aus Maschinen des Verlangens, des Begehrens und Wünschens (machines désirantes), wobei Maschine als etwas lebendig Pulsierendes zu verstehen ist. Mensch und Natur sind nicht einfach vorhanden, sondern einzig Prozesse, die das eine im anderen erzeugen und die Maschinen aneinanderkoppeln", die Einschnitte und Entnahmen ausführen, je

---

[82] Deleuze, G., Guattari, F., Antiödipus, Kapitalismus und Schizophrenie I, suhrkamp wissenschaft (1977) S. 63
[83] Deleuze, G., Unterhandlungen, Suhrkamp (1993) S. 29

nachdem wie sie „fließend", „trennend" und als „organ-
loser Körper im ständigen Werden" kombiniert sind.[84]
Hier ist also eine Mensch/Materie-Einheit herauszuhören, diesmal tatsächlich mehr auf der Basis einer gefühli-
gen Subjektwissenschaft. Aber eine auch in der Praxis
des Beziehungslebens brauchbare und hilfreiche Formel
des Subjekts kommt nicht zustande.

Die beiden Autoren (Deleuze und Guattari) entwickelten
die Formulierung, dass strikter Kapitalismus und Schizophrenie korrelierende Vorgänge seien, deren verwerfli-
che Kombination man gesellschaftlich und therapeutisch
angehen müsse. Doch sollte dies nicht in einer gewalttä-
tigen und nur im Äußerlichen verbleibenden Revolution
geschehen, sondern in einer Art von politischer Selbstanalyse: „Bildet Rhizome und keine Wurzeln, pflanzt
nichts an! Sät nichts aus, sondern nehmt Ableger! Seid
weder eins noch multipel, seid Mannigfaltigkeiten! Zieht
Linien, setzt nie einen Punkt! Geschwindigkeit macht
den Punkt zur Linie! Seid schnell, auch im Stillstand! …
Habt kurzlebige Ideen. Macht keine Fotos oder Zeich-
nungen, sondern Karten".[85] Grandios, aber wie genau?

Deleuze behauptete, er habe nie Schizophrene gesehen,
sondern nur ein allgemeines seelisches Gespalten-Sein,
das aus dem Missverständnis der kapitalistischen Gesellschaft resultiert, und so muss eben alles überwunden

---

[84] Deleuze, G., Guattari, F., Antiödipus, Kapitalismus und Schizophrenie I, suhrkamp wissenschaft (1977)
[85] Deleuze, G., Guattari, F., Tausend Plateaus, Kapitalismus
und Schizophrenie I I, suhrkamp wissenschaft (1992)

werden, was Marx und Freud zwar anfänglich kreativ entwickelt haben, jedoch dann von ihnen und allen, die ihnen folgten verwässert, fehlgeleitet und verklemmt wurde. Doch war der Aufruf zur radikalen Erneuerung des Unbewussten durch Deleuze und Guattari fest in die Studentenrevolte der 68er Jahre eingebettet und von der damaligen Bewegung der Antipsychiatrie des Italieners Franco Basaglias mitbestimmt. Tatsächlich wurden in Italien die Nervenkliniken abgeschafft und vermehrt Pflegeeinrichtungen mit verstärkt sozialem und psychologischen Engagement gegründet, die bis heute bestehen (auch wenn es vereinzelt weiter Nervenkliniken gibt und ähnliche Reformen auch in der Schweiz zustande kamen).

Vor kurzem diskutierte ich mit dem Chefarzt einer psychiatrischen Klinik über das Wesen der Schizophrenie und erwähnte Guattaris und Deleuzes Thesen. „Absoluter Quatsch," meinte der Psychiater, „die Schizophrenie ist ausschließlich genetisch bestimmt, höchstens bescheidene epigenetische Phänomene können eine zusätzliche Rolle spielen." Er wies aber auch darauf hin, dass bei eineiigen Zwillingen nur in fünfzig Prozent der Fälle beide an Schizophrenie erkranken. „Also muss es noch andere Ursachen geben," konterte ich. „Lacan macht die Verwerfung, Löschung des Vater-Prinzips, also nicht nur die neurotische Verdrängung der Aggression gegen den Vater im Ödipuskomplex, sondern eine radikale Tilgung väterlichen Obrigkeit und Nomination für die Psychose verantwortlich. Die Kranken kennen daher Kein Wort, keinen Namen, der sie halten könnte."

Er halte davon nichts, kommentierte der Psychiater meine Worte. Zur Identität stünden dem Schizophrenen ja andere Personen zur Verfügung. Die Krankheit gäbe es seit hunderttausenden von Jahren. „Aber es geht ja nicht um Personen, sondern um die Kombination psychischer Grundkräfte im Vater kennzeichnenden ‚Ein‘, Eins, l'Un," setzte ich schließlich noch zuletzt im Französischen dazu. Allein das kombinatorische Element von zwei Grund-Intentionen (egal ob Maschinen, Signifikanten oder mathematische Mengen) wie dem Bild- und Wort-Wirkendem, scheine mir – so mein Schlusswort – konkret genug zu sein, um eine Subjektwissenschaft kreativ zu gestalten. Dabei würde ich genetische Ursachen nicht leugnen, aber therapeutisch sei das Psychoanalytische sinnvoller, weil aufs Subjekt Mensch bezogen, als nur chemische Medikamente, doch den Psychiater überzeugte das nicht.

So will ich es auch in diesem Buch als das Wesentliche des von mir entwickelten selbstpraktischen und psychotherapeutischen Verfahrens (*Analytische Psychokatharsis*) darstellen, das der Forderung nach einer Wissenschaft vom Subjekt und auch der entsprechenden (verbalen) und bildkorrelierenden (imaginären) Formel noch etwas besser gerecht wird als die klassische Psychoanalyse. Ich sehe die zwei Grundkräfte, Grundintentionen zwar nicht so speziell in Natur (Materie) und Mensch (Subjekt) wie es das Paar Deleuze/Guattari tun, sondern halte mich mehr an Lacans Grundkräfte, Grund-Signifikanten (S_1 und S_2), wobei Lacan wie erwähnt mehr vom Wort-Wirkenden S_1 ausgeht, ich in meinem

Verfahren jedoch mit S_2, dem Bild-, Blick-, Ikon-Wirkenden beginne.

Ich wollte ja auch die psychoanalytischen Vorgaben, speziell die Lacans, in meinem Verfahren mit vertreten sehen. Aber Lacan sagt ganz klar, dass die Psychoanalyse bestimmte Grenzen hat, weil wir „eben eine Kultur sind, deren Achse durch die Neurotiker konstituiert ist."[86] Also durch die, die sich für zwei halten ohne es zu merken, die Sklaven sind, die sich Herren halten und Persönlichkeits-Gestörte, die sich ihrer vielen ‚Mehrlüste‘ nicht mehr erwehren können. Es braucht also etwas die Psychoanalyse Ergänzendes, und damit kann ich nochmals auf mein Verfahren der *Analytischen Psychokatharsis* verweisen, das den Diskurs sozusagen von der anderen Seite her aufrollt, von der mehr bildhaften, rhythmischen, ikonischen her, ohne inflationär zu werden, da die *Formel-Worte* den Übungsvorgang stabil halten.

Die *Formel-Worte* bestehen aus Überlappungen mehrerer disparater, also unterschiedlichster Wort-Bedeutungen, die so in einem Zug geschrieben und gelesen nichts sagen. Sie sind überdeterminiert, durch die Überlappung sagt sich nichts mehr aus, aber man weiß wie sie aufgebaut und konstruiert sind. In der oben nebenstehenden Abbildung ist erneut eine derartige Formulierung im Kreis geschrieben dargestellt. Auch wenn sie so gelesen keine Bedeutung ergibt und keinen Sinn ausweist, ist sie eben für jeden verständlich aus mehreren Bedeutungen

---

[86] Lacan, J., Seminar XVI, Turia & Kant (2022) S. 433

aus der lateinischen Sprache aufgebaut. So überlappen sich in ENS – CIS – NOM die Bedeutungen entsprechend den B(r)uch-staben, was besonders bei einer Kreisschreibung sichtbar wird.[87]

Geht man einmal vom M oben links aus. So heißt MENS CIS NO, der Gedanke diesseits, innerhalb von No, vom N ausgehend: NOMEN SCIS, du kennst den Namen, OMEN SCIS N, du kennst das Omen N, CIS NO, MENS, diesseits schwimme ich, oh Geist. ENS CIS NOM, das Ding diesseits von Nom, C IS NOMEN S, hundert dieser Name S, usw. So unsinnig einzelne der Bedeutungen auch sind, sie sind doch grammatikalisch und syntaktisch normal und sogar auch semantisch in Ordnung. Der Sinn dieser Formulierung besteht ja gerade darin, dass sie zusammen- und übereinandergelegt keinen vordergründigen Sinn parat hat, sondern überdeterminiert ist und nur das Unbewusste anregt, ja provoziert, torpediert, einen Sinn heraus zu geben, vor allem, wenn man mehrere, hintereinander gesetzte, derartige *Formel-Worte*, meditiert.

---

[87] Oudee Dünkelsbühler, U., Zeugnis und Schrift: B(r)uchstaben an der Couch, Les Etats Généraux de la Psychanalyse (2001). Der Begriff B(r)uchstaben erscheint mir eine ideale Formulierung für diese zerstückelte Schreibweise der *Formel-Worte* zu sein, indem sie „Buch" (Lettern, Text) mit „Staben" (Linien, Textur) genau durch das ihnen eigene Element verbindet.

Es geht ja um den völlig durchformalisierten Diskurs, nicht den alltäglichen sozialen oder mathematischen, linguistischen, logischen, etc. , sondern um den durchgearbeiteten, indem er mehrere Bedeutungen in einem Schriftzug enthält, also überdeterminiert, chaotisch, durcheinandergewürfelt und doch in einem Schriftzug zu lesen ist. Ein bisschen Schizoidie gehört wohl immer dazu. Und so muss man ja auch nicht von diesem wie schizoid quergestrichenen *Anderen* aus gehen, sondern vom „un Autre", vom Ein-Anderen, vom „l'un du signifiant", vom Ein des Signifikanten, das im *Anderen* „inscrit", eingeschrieben ist, wie Lacan schreibt. „Das ist eine notwendige Bedingung dafür, dass das Subjekt sich daran klammert, und auch eine schöne Gelegenheit, um sich nicht an das zu erinnern, was die Bedingung dieses Einen ist, nämlich der *Andere*." So hört sich eben die gekonnte Schizoidie an, eine Gespaltenheit, die die Menschen zwar nicht beherrscht, sondern die man wie Deleuze und Guattari nutzen kann, auch wenn sie mit ihrer ‚Schizoanalyse' (so nannten die beiden ihr Vorgehen) niemanden heilen konnten.

In der *Analytischen Psychokatharsis* bewegt man sich jedoch noch etwas weiter. Wie C. S. Pierce eruierte, ist das Ikon ein wohldefinierter Bestandteil des universellen Diskurses. Es beruht auf „Ähnlichkeit, auf einem Ursache-Folge-Verhältnis",[88] ist also ein Zeichen, bei dem zwischen dem Zeichen und dem Bezeichneten „ein Abbild-Verhältnis, eine starke Äquivalenz festzustellen

---

[88] Ernst, Pragmalinguistik (2002) S. 75

ist".[89] Ein Beispiel: Das christliche Kreuz muss nicht Jesus daran darstellen, bereits ein den Balken ähnliches Kreuz, dessen Senkrechte etwas länger ist als die Waagrechte, wird ebenfalls – jedenfalls seit zweitausend Jahren – als das Kruzifix erkannt, das somit ein Ikon ist für ein bis zwei Milliarden von Menschen. Auch viele Nichtchristen erkennen dies und identifizieren es mit dem christlichen Religionsgründer.

Doch gerade diesen Weg will ich vermeiden, auch wenn er vielleicht viele einfache Gemüter zu einer Glaubenserfahrung zurückführt, die aber enorm überfrachtet ist mit Dogmen, Historien-Bildern, erzwungenem Ritual, etc. Ich will ja, dass jeder zu sich selbst kommen soll, wenn auch ganz Lacanianisch als *Anderer*, und dazu braucht es wohl auch andere Ikons, anderes Ikonisches. Ich werde über die Sphäre (Fläche der Kugel) mit dem Punkt des **a** noch sprechen, aber auch andere Topologien würden als Ikon passen, wie etwa das Möbiusband. Ja sogar ‚endogene Bildmuster' können einen nicht verwirren, wenn sie in der Meditation auftauchen, weil sie durch neurologische Effekte, wenn auch nicht ideal, gestützt sind (Abb. 6 nebenan).[90]

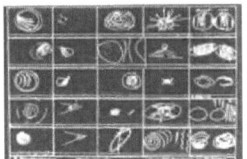

[89] Kocsány, Piroska: *Grundkurs Linguistik,* Fink (2010) S. 42

[90] Eichmeier, J., Höfer, O., Endogene Bildmuster, U&S – Verlag (1974), die durch Reizung vorgelagerter Sehareale erzeugt werden können und wegen ihrer Einfachheit imponieren. Für die Mediation sind sie aber nicht besonders geeignet.

Eichmeier, J., Höfer, O., Endogene Bildmuster, U&S – Verlag (1974), die durch Reizung vorgelagerter Sehareale erzeugt

Der Arzt und Psychoanalytiker F. W. Deneke beschreibt sehr genau die Existenz des Bild-Wirkenden, des Ikonischen, in Form sogenannter ‚sinnlich-anschaulicher Erinnerungsbilder‘, ja gar von personalen ‚Urbildern‘, die im Unbewussten schlummern, weil sie verdrängt, abgespalten oder nur in zerstückelter Form bewahrt sind.[91] Derartige Bilder werden schon allein durch das *Strahlt*-Phänomen in der ersten Übung der *Analytischen Psychokatharsis* in einer gewissen Distanz gehalten, wie ich es bereits beim luziden Traum – in etwas anderer Form – beschrieben habe. Denn das Erstaunliche besteht ja darin, dass man trotz des halluzinatorischen Charakters dieser Traumart nicht verrückt ist, sondern in einer gewissen Schwebe gehalten wird,. Genauso – wie betont – halten einen die *Formel-Worte* auf Distanz in den meditativen Übungen.

Man wird bei der Anwendung des analytisch-kathartischen Verfahrens von den *Formel-Worten* über diese inneren Bilder hinweggeleitet. Freilich – wie ich im nächsten Kapitel erläutern werde – kann man in der Meditation auch bei derartigen Distanzbildern verweilen. Letztendlich aber erfasst man den Zusammenhang mit ihnen erst im *Pass-Wort*, das eine analytische Lösung ermöglicht, für die man in der klassischen Psychoanalyse oft hunderte von Stunden benötigt hätte. Das Hinüber-

---

werden können, hier aber wegen ihrer Einfachheit und so als nicht bedeutungsvoll imponieren.

[91] Deneke, F-W., Psychische Struktur und Gehirn, die Gestaltung subjektiver Wirklichkeiten, Schattauer (1999

gleiten trägt – selbst wenn eine klare analytische Aussage nötig ist – durchaus auch ein bisschen zur Lösung bei, weil die Erfahrung, dass man trotz der Nähe des Traumas darüber hinweggehen kann, schon äußerst hilfreich ist. Ich habe oft mit den *Formel-Worten* selbst somatoforme Schmerzen beseitigen können, die ich als ein körpernahes Distanzbild auffasse, wenn ich diese Formulierungen mit Intensität, wie – zwar rein gedanklich – aber doch mit verstärkter Intention ausgedrückt – geübt habe.

Am liebsten würde ich sagen, man muss mit dem Ikon sprechen. Man muss es zumindest soweit aufblühen lassen, dass es ein Dialogpartner wird, an den man Fragen stellen kann, auch wenn die Antworten (*Pass-Worte*) dann manchmal sibyllinisch klingen. Ich will sogleich im nächsten Kapitel auf die Wichtigkeit und Eigenständigkeit des Bild-Wirkenden und seiner Distanzbilder hinweisen und zeigen, dass man es nicht einfach nur mit dem Effekt der zwei Ecken erklären kann. Das heißt, man kann es damit erklären, aber nicht zur Selbstpraxis, Therapie und tiefgründiger Wahrheitsfindung nutzen. Diese völlig andere und vor allem praktische Verwendung des Bild-Wirkenden ist äußerst wichtig. Auch im Anhang wird dazu anschaulich Stellung genommen.

8. Bild-Blick-Theorie

Wie erwähnt betont die Psychoanalyse das Wort-Wirkende, den verbalen Signifikanten und vernachlässigt das Bild-Wirkende, den imaginären Signifikanten. Ja, es gibt für die Psychoanalyse vielleicht sogar nur ein Bild, nur ein Imaginäres, das signifikant und wichtig ist: die sogenannte Ur-Szene. Es handelt sich um den Blick ins Schlafzimmer der Eltern und das dort stattfindende verstörende Getue. Bringt der Vater jetzt die Mutter um oder uriniert er nur in sie hinein, das Kind fühlt sich vollkommen ausgeschlossen und wird erst sehr viel später – nachträglich, wie Freud sagte – das Peinliche dieser Erinnerung als traumatisch empfinden. Lacan schreibt, dass „das menschliche Subjekt, das Subjekt des Begehrens, welches das Wesen des Menschen ausmacht, im Gegensatz zum Tier, nicht ganz dem bildhaften Befangensein unterliegt." Das Bild ist für den Menschen nicht mehr oder nicht nur ein fixierter Blickfang, sondern auch bildliche Schau.

Aber das Bild-Wirkende zeichnet sich nicht nur dadurch aus, sondern wirkt auch in der Form und „in dem Maße, wie der Mensch die Funktion des Schirms herauslöst und mit ihr spielt. Tatsächlich vermag der Mensch mit der Maske [dem Schirm oder Filter] zu spielen, ist er doch etwas, über dem jenseits der Blick ist. Der Schirm ist hier Ort der Vermittlung." In der folgenden Abbildung Nr. 7 sind diese visuellen Verhältnisse in einem von Lacan erstellten Schema gezeigt.[92]

---

[92] Lacan, J., Seminar XI, Quadriga (1998)

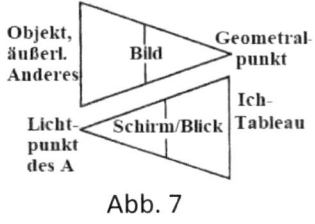

Abb. 7

In dem oberen Dreieck dieser Abbildung ist das übliche, perspektivische Sehen dargestellt, das von einem „Geometralpunkt" (der sogenannte Flucht- oder Horizontpunkt in der zeichnerischen Darstellung) bzw. dem sich etwas vorstellenden Ich geleitet wird und im Kopf das Bild entstehen lässt, das scheinbar objektiv das Äußere, Andere vermittelt. Das Subjekt der Vorstellungen, das Ich im Geometralpunkt (im Gegensatz zu dem Subjekt, das dem Unbewussten unterstellt ist und das mit dem A zu tun hat) findet den eigenen Blick nicht repräsentiert, sondern sieht nur, wie aufgeklebt, ein Bild. Man ist sozusagen immer nur sachlich orientiert, immer nur objekthaft im Bilde, sieht sich aber nicht sehend, nicht animiert blickend.

Man nimmt nicht mehr wahr so wie das topologisch wahrnehmende Kleinkind seine Schau entfaltet. Der Philosoph R. Carnap beschrieb, dass das ganz kleine Kind die Welt nicht euklidisch wahrnimmt, sondern das Bild der Welt in sich von der Einstein'schen, der projektiven Geometrie, der Topologie her beeinflusst wahrnimmt. Man kann hier spüren, dass dies in Worten auszudrücken problematisch ist, das Ikonische in seiner Originalität ist im Kind noch stark wirksam, was ich gleich in dem unteren Dreieck der Abbildung erklären werde. Ein total absolutes, perfektes Sehen gibt es nicht, weil immer auch schon etwas Visuelles aus dem unteren Dreieck der Abbildung mit enthalten ist.

Dieses Schauen, der Blick per se, das *Strahlt*, ist hier nach Lacan „ein von mir auf dem Feld des *Anderen* imaginierter Blick. Er besteht sozusagen aus einer Oszillation des Blickens und Angeblickt Werdens, wobei in diesem Fall der oder das *Andere* (A) nicht aus einem besonders aktiven Gegenüber bestehen muss. Vielmehr wirkt in dem, was man sieht, schon von vornherein ein ‚*Strahlt*-bzw. Licht-Punkt' des *Anderen* (links im unteren Dreieck), von dem aus beleuchtet der oder das als Bild, Blick wahrgenommene *Andere* (das blick-bildhaft Unbewusste, Maßgebliche) einen selbst anzusehen scheint und eine Stelle erzeugt, an der man selbst (dargestellt auf der rechten Seite) schon in das Bild lustvoll eingeschrieben ist (das Ich im Tableau). Das erinnert wieder stark an das Zwei-Ecken Phänomen, hat aber auch mit der projektiven Geometrie zu tun, denn das Angeblickt Werden kommt vom Flucht-, *Strahlt*-Punkt im Unendlichen her.

Ich sagte lustvoll eingeschrieben, weil hier das unbewusste Begehren entscheidend mitwirkt. „Die linke Seite des Diagramms, von der also das Subjekt sich vom ‚Licht- oder *Strahlt*-Punkt des A erblickt, zeigt auch die Funktion des Objekts **a**, d. h. dieser Blick ist auch ein Symbol für die Abschirmung, Abspaltung. Denn nach psychoanalytischer Auffassung wird das Subjekt ja hier in seinem Mangel, in seinem Begehren kastrativ erfasst, anders gesagt, ist das rechts gezeigte Tableau „der peinliche und beschämende Anblick, den ich, als begehren-

des Subjekt, biete, wenn ich, ohne es zu wollen, schutzlos dem Blick ausgesetzt bin."[93]

Irgendetwas klingt hier pessimistisch, wie ich es schon
bei Lacans Bemerkungen zu Munchs Bild ‚Der Schrei'
und auch am Schluss des letzten Kapitels erwähnt habe,
und wie es auch in Freuds Todestriebkonzept verankert
ist. Denn diese Version der Bild- und Blick-Theorie bedeutet ja, dass man sich selbst kastriert, weil man sonst
unter dem Blick so schutzlos und beschämt ist, dass man
gar nicht mehr richtig schauen, nichts betrachten und
anvisieren kann. Das Problem wird in der folgenden Abbildung Lacans sichtbar, wo nunmehr die beiden Drei-
ecke übereinander gelegt worden sind, und in dem be-
schrifteten Diagramm in der Mitte als Resultat des ge-
mischt objektiven und subjektiven Sehens das Bild als
Schirm eingetragen ist (Abbildung 8).

„Ich bin nicht einfach jenes punktförmige Wesen, das
man an jenem geometralen Punkt festhalten könnte, von
dem aus die Perspektive verlaufen soll. Zwar zeichnet
sich in der Tiefe meines Auges das Bild (image) ab. Das
Bild ist sicher in meinem Auge. Aber ich, ich bin im Tableau [im Schirm des Bil-
des]," schreibt Lacan. Wie
in der Abbildung der übereinander gelegten Drei-
ecke zu sehen ist, erfasst
der Blick alles im *Strahlt*-,

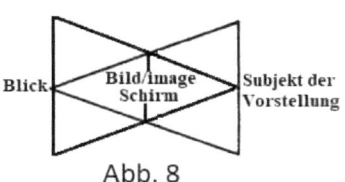

Abb. 8

---

[93] Lacan-entziffern.de von R. Nemitz, Blicktheorie.

Lichtpunkt des Objektes bzw. des *Anderen*, wodurch – folgt man dieser Logik weiter – deutlich wird, dass der Blick andere Teile des Objektes oder des *Anderen* außer Acht lässt. Diese graue Zone des Sehens wurde in Lacans Theorie als ‚Skotom‘ beschrieben, ein der menschlichen Natur inhärentes Prinzip der Verkennung. Hier ist der ‚Schirm / Schleier‘ kein Bild mehr, sondern blind. Blinde Punkte, deutete Lacan an, sind unheilbar.

Doch wo ist die von Carnap beschriebene Gewalt der Einstein'schen Topologie geblieben? Natürlich ist sie von der unverarbeiteten Ur-Szene, kindlicher Onanie und deren strafandrohender Unterdrückung (3. Bis 5. Lebensjahr) und den Wirren der Pubertät bis zum genannten Skotom hin verschleiert worden, aber kann man sie nicht wieder herausholen? Was Lacan hier beschriebt, betrifft doch nur die dunkle Seite des Ganzen, die wirklich schlecht ausgehen kann, wenn man zwar nicht Sinnestäuschungen hat, aber doch massive Projektionen – aber wo ist die Welt noch ganz helle und unverfälscht? Wo tobt sie sich noch topologisch aus?

Meines Erachtens liegt die Möglichkeit eines Zugangs zur urwüchsigen Schau der Kindheit beim Erwachsenen im Ikonischen, im Ikon, in der (mit Anführungszeichen geschriebenen ‚Vision‘, wobei ich gerne zugebe, dass der Schattenwurf des Anfangs, wie ich ihn mit Lacan eingangs geschildert habe, als die erste Ecke des Graphen, der zwei gebogenen Linien, auch im Ikonischen eine gewisse Berechtigung hat. Es verhält sich dann sogar so, dass nicht nur Beschämung zustande kommen kann, sondern wirklicher Absturz ins Dunkle, Leere, ins Nichts, wie ich es in der Meditation aber als normal erwähnt habe. Denn man muss aber dabei nicht schutzlos sein, genau an dieser Stelle kommt das Instrument und das Wesen des *Formel-Wortes* zu Hilfe. Diesen Vorgang habe ich am Ende des letzten Kapitels schon erörtert.

Letztlich liegt es immer daran, dass Psychoanalytiker von Meditation, selbst ihrer wissenschaftlich begründeten Form, nichts verstehen. Sie wissen zwar auch, dass jeder Einzelne das Allerletzte für sich selbst finden muss – in meinem Fall Ikon (Subjekt-Bild) und *Pass-Wort*, wobei das Ikon im einfachsten Fall aus der Erfahrung der zusammengeführten Körperbilder in Form eines ‚Durchrieselns' bestehen kann, was eine Form des Körpergenießen ist. Das Körpergenießen besteht nicht aus dem Genießen des physischen Körpers, sondern aus dem autochthonen Genießen von etwas Körperhaften, aus etwas auf das Körperliche Bezogenem wie eben die Körperbilder, deren Zusammenhang mit der projektiven Geometrie ich bereits erwähnt habe.

Ich kann hier kein generelles Subjekt-Bild (also eines, das für viele Subjekte gelten kann) und somit fast in der Form einer Art Heraldik, eines Gütesiegels, also eben eines laut Peirce ‚Abbild- oder Folge-Verhältnis-Zeichens' als hilfreiche Stütze anbieten. Auch wenn das ‚Durchrieseln' der zusammengeführten Körperbilder dem autochthonen Genießen und ebenso dem ‚vollendeten Objekt' nahe steht, ist es doch nur temporär, nicht konstant und reif genug. Zudem eine – vorerst rein formale – ideale Verbindung von Wort- und Bildhaftem hier theoretisch zu erstellen, wie ich es ja der klassischen Psychoanalyse als unzureichend vorwerfe, kann ich hier nur andeuten, denn eine solche ist zwar konstanter, aber weitab vom Körpergenießen. Ich kann aber zeigen, dass dieses Thema durch die Praxis auf den Kopf gestellt werden kann und so umfassend verwirklicht wird. Schluss mit Todestrieb, weg von der ständigen Kastration, zurück zu Marx und Adonis und weiter zum Sprung in die Katharsis der ‚Jouissance‘, wo in einem gewissen Rahmen ‚Visionen‘ möglich sind.[94]

In dem Moment – ich werde das noch ständig wiederholen – wo man nämlich meditierend in sich eindringt und wo man von dem endlos starken Kletterseil der *Formel-Worte* gehalten das pure Bild-Wirkende, Ikonische, *Strahlende* ersteigt, durchwandert, kann man es sich leisten wie Dante, wie Homer in seiner Odyssee, wie Jesus im Thomasevangelium und wie zahlreiche andere, alle möglichen Welten unkastriert zu besuchen und dabei selbst zu bestimmen, wie lange und wie weite die Reise gehen kann und soll. Vielleicht sind es Spielereien, wie ich sie schon angedeutet habe, aber es sind notwendige, kreative und zum Körperbild-Zusammenschluss führende Spielereien, denn die Führung durch die *Formel-Worte* lassen nicht nach, man kann lange mit ihnen gehen. Automatisch wird diese Wanderung durch das Einwirken der

---

[94] Freilich ist die Kastration nur symbolisch zu verstehen und kann der Todestrieb als das ständige Gewahrsein des Todes hinter aller Existenz zu begreifen sein. Er ist nur ein falsches Wort.

zweiten Übung der *Analytischen Psychokatharsis* zu den *Pass-Worten* hingelenkt, die ein Resümee der meditativen Erfahrungen ziehen, und so die Wahrheit des ,vollendeten Objekts' ermöglichen.

Freud sprach von der ,unendlichen Analyse', was etwas quälerisch klang. Die *Formel-Worte* stehen natürlich auch unendlich zur Verfügung, sie sind sogar unsterblich. Man wird selbst sehen, wie lange und intensiv man mit ihnen arbeitet und wie gut, wie gelungen man durch die kathartische Transition die sogenannte ,endogenen Bildmuster', Distanzbilder, durchrieselnde Köperbilderfahrung oder nur durch ein einfachen Luziditätspunkt das Ziel erreichen kann. Alles, was jedoch zu sehr perfekt fertiges Bild ist, mag als zu betrachtendes Ikonisches, ,Visionsartiges', für Momente eine Spielerei sein. Ich habe diesbezüglich an anderer Stelle schon das Ikon des ,Meeres' oder von ,Landschaften' ins Spiel gebracht, und die Faszination durch diese halb-willkürlich entstehenden Zauberstrukturen beschrieben. Freilich ist dies nicht das letztliche Ziel der *Analytischen Psychokatharsis*.

Aber es kann ein Anfang und auch die Mitte sein. Im Surat Shabd Yoga, mit dem ich mich längere Zeit beschäftigt habe, wurde davon gesprochen, dass als erstes Ikon im meditativen Zurückgezogenheits-Zustand der ,Sternenhimmel' auftaucht. Dass sich das Raumgefühl erweitert, ist vielleicht in jeder Meditation üblich. Aber das bedeutet nicht mehr als Lacans ,leere Menge'. Man spürt, dass da etwas da ist, ein ,inner touch', eine Könästhetik.[95] Dieses Raumgefühl gleich mit Sternen zu füllen, ist eine Suggestion der gleichen Art, wie ich es schon mit dem Kreuz als christlichem Ikon angedeutet habe und die ich jetzt in Form des ‚Meeres' oder der ‚Landschaft' erwähne. Es ist egal, womit man anfängt. Es ist auf jeden Fall beglückend, befreiend, ‚jouissante', worin Bestätigung liegt, die eben mit Vorsicht zu genießen ist und nicht als Ziel des Verfahrens gilt, weil sie über das Ich-ideal nicht hinausgeht.

Dennoch passt hier der Begriff des ,;Mehrseins', wenn es eben auch kein fertiges ‚Mehrsein' ist, sondern eines, das noch etwas mit dem Blick als Objekt der ‚Mehrlust' hantiert. Denn das Wesen des Mehrwerts gibt nichts her, wenn man diesen als eine Sache der überzogenen Preisung, des philosophischen Mehr durch sich steigernde Worte und Begriffe, der mit viel Wort-Wirkendem aufgebauten Hierarchien betrachtet (wozu auch die psychoanalytische Organisation in private Fach-Institute, landesgebundene Fachgesellschaften bis hin zur IPA (International Psychoanalytic Association) gehört). Aus der französischen Gruppe hat man Lacan ausgeschlossen, er war den dortigen Fachleuten nicht Wert genug. Diese Klüngelvereine sind in eine Form der Scholastik zurückgefallen.

---

[95] Heller-Roazen, D., The inner Touch, Der innere Sinn, Archäologie eines Gefühls, Fischer (2012). Der Autor beschreibt es als ein ‚Gemeingefühl', das einen mit anderen verbindet. Ich verstehe es als das Verbindungsgefühl mit dem eben mehr bild-wirkenden Anderen, dem Ikonischen.

9. Ikon und *Pass-Worte*

All die Beispiele Lacans mit dem A, dem Ā, dem S1 und S2, dem $ und dem **a** helfen nun tatsächlich nicht darüber hinweg, dass eine letztliche Unschärfe, Unbestimmtheit wie in der Physik und Mathematik auch in der Psychoanalyse nie ganz auszuschließen ist.[96] Der Semantiker G. Gamm ist ohnehin der Meinung, dass man sowieso nichts mit exakter Bestimmtheit sagen kann, egal ob man es als Dichter, oder Wissenschaftler tut, ob man Philosophie betreibt oder von Liebe redet.[97] Für jedes Sprechen würde das Gleiche gelten, was W. Heisenberg schon vor langer Zeit für die Naturwissenschaften formuliert hat: eine Unschärferelation, eine Unbestimmtheit.[98] Die Grundkräfte (Schau- und Sprechtrieb, Bild- und Wort-Wirkendes) unterliegen nur deswegen einer strengeren Bestimmtheit, weil sie das aus allen Partialtrieben Zusammengefasste sind, die Essenz der Psychoanalyse (besser geeignet als Freuds Eros- und Todestrieb).

---

[96] In der Mathematik heißt sie laut Gödel nicht Unbestimmtheit sondern Unentscheidbarkeit. Es gibt einen Punkt, von dem aus man mathematisches Vorgehen nicht mehr klar entscheiden kann.

[97] Gamm, G., Nicht nichts, Studien zu einer Semantik des Unbestimmten, Suhrkamp (2000) S. 227

[98] Lehrer, J., Prousts Madeleine, Hirnforschung für Kreative, Piper (2007) S. 55, worin der Autor darauf verweist, dass alle physikalischen Gesetze lediglich Annäherungen sind, die zwar heute wesentlich präziser sind als zu Newtons Zeiten, aber dennoch nicht als absolut gelten können.

Ich will in diesem Kapitel von der Heiligen Theresa von Avila berichten, die – aus ganz anderen, aber ebenso plausiblen Gründen, hinsichtlich der Unbestimmtheit auch dieser Ansicht war. Sie trat im Alter von zwanzig Jahren in das Kloster Karmel de la Encarnación (Menschwerdung) ein, erkrankte vier Jahre später schwer an einer wahrscheinlich kataton geformten Depression. Katatonie bedeutet: ausgeprägte psychisch-körperliche Erstarrung, die bei der Heiligen Theresa tatsächlich so weit ging, dass man sie für tot hielt und man „die Totengebete für sie betete und bereits das Grab aushob."[99] Ich habe zweimal in meiner klinischen Ausbildung Fälle von Katatonie gesehen, kein Puls war mehr zu fühlen, kein Weckreiz kann zum Erwachen führen, nur im EKG war der Herzschlag zu registrieren. Erst fünfzehn Jahre später machte die Heilige Theresa angesichts einer Christusstatue eine ekstatisch-bewegende Glaubenserfahrung, die sie später ihre ‚zweite Bekehrung' nannte.

Es folgten Jahre von beglückenden Visionen, von Verzückungen und sogenannten ‚Verstandes-Schauungen' bis hin zur ‚Erfahrung der Trinität', was immer das heißen mag. Am bekanntesten wurde ihre Vision, die unter dem Namen ‚Transverberation' sogar zu jährlichen Gedenktagen führte. „„Ich sah einen Engel neben mir, an meiner linken Seite, und zwar in leiblicher Gestalt, was ich sonst kaum einmal sehe. […] Er war sehr schön, mit einem so leuchtenden Antlitz, dass er allem Anschein nach zu den ganz erhabenen Engeln gehörte, die so aussehen, als

---

[99] Wikipedia: Theresa von Avila

stünden sie ganz in Flammen. [...] Ich sah in seinen Händen einen langen goldenen Pfeil, und an der Spitze dieses Eisens schien ein wenig Feuer zu züngeln."

„Mir war, als stieße er es mir einige Male ins Herz, und als würde es mir bis in die Eingeweide vordringen. Als er es herauszog, war mir, als würde er sie mit herausreißen und mich ganz und gar brennend vor starker Gottesliebe zurücklassen. Der Schmerz war so stark, dass er mich [...] Klagen ausstoßen ließ, aber zugleich ist die Zärtlichkeit, die dieser ungemein große Schmerz bei mir auslöst, so überwältigend, dass noch nicht einmal der Wunsch hochkommt, er möge vergehen, noch dass sich die Seele mit weniger als Gott begnügt. Es ist dies kein leiblicher, sondern ein geistiger Schmerz, auch wenn der Leib durchaus Anteil daran hat, und sogar ziemlich viel."[100] (Abb. 9 zeigt die Marmorstatue Berninis in Rom).

Abb. 9 Statue in der Chiesa Santa Maria della Vittoria

Ich denke, man muss kein Psychoanalytiker sein, um den erotisch gefärbten Hintergrund herauszuhören. Wenn und mit welcher Verzückung die Heilige sich also von dem blond gelockten Jüngling traktieren lässt, fühlt man sich bei der hinein gesto-

---

[100] Theresa von Avila, Das Buch meines Lebens 29, S. 13

ßenen und stets wieder herausgezogenen Lanze an Φ erinnert, an das phallische Symbol des Begehrens. Lacan meinte sogar, die Heilige Theresa sei eine der ‚urwüchsigsten Bumserinnen' gewesen, korrigierte sich aber mit der Bemerkung, dass sie eine ganz große Persönlichkeit war. Und die Heilige selbst hätte kein Problem gehabt – wie ich am Ende dieses Kapitels nochmals erörtern will – diesen Vorgang der Durchbohrung als den Moment der innigsten erotischen Liebeserfahrung zu deuten, die Gott eben oft mit diesen Symbolen auszudrücken pflegt. Für die Heilige war es kein Widerspruch, wenn Gott sich auch weltlicher erotischer Metaphern bedient.

Ich würde sagen, dass das Ganze sich im Ikonischen abspielt, der Pfeil ist das Ikon, das bereits der griechische Gott Eros immer bei sich trug, um ihn auf die ahnungslosen und sehnsuchtsvollen Anwärter abzuschießen, die sich davon eine Heilung ihrer einsamen und trostlosen Existenz erhoffen. Auch wenn man weiß, dass der Pfeil ein Objekt der ‚Mehrlust' ist, schmälert dies nicht den Wert des Ikons, der Textur, indem dieses auch sein ihm zugehöriges Phonem, den Text findet. Und das war bei der Heiligen Theresa absolut der Fall, verfasste sie doch auch ein umfangreiches schriftliches Werk, gründete einen eigenen Orden (unbeschuhte Karmeliterinnen) und schlug sich mit Gelehrten, Intriganten und Intrigantinnen, mit nicht immer verständnisvollen Schülerinnen und mit den Schergen der Inquisition herum.

Damit habe ich einmal von ganz anderer Seite her die Grundlagen zu dem Mix zeigen können, der zwischen dem Bild-Wirkenden, das etwas Ikonisches, sich ständig Umgestaltendes ist, und dem Wort-Wirkenden, dem etwas Phonematisches, etwas Sich-Wiederholendes, anhaftet (erste und zweite Eins) herrscht. Jedenfalls zentralisieren sich die beiden, das *Strahlt* und das *Spricht* in ein Selbst-Wirkendes um das Reale herum, das mit der ‚Jouissance' zu tun hat, dem autochthonen Genießen, für das man sich heute Gott und die Bibel nur noch als historischen Hintergrund denken kann. Im Inhaltlichen dieses Genießens ist die Heilige Theresa aber ganz modern. Die Abbildung oben zeigt, dass sie im Verzückungs-Genießen die Augen schließt, den Jüngling will sie nicht direkt anschauen. Das tut auch in der Psychoanalyse der Patient nicht, und auch der Therapeut vermeidet den direkten Blick. Das zu Reale des Blick-Genießens ist nicht auszuhalten oder führt in die falsche Richtung.

Deshalb heißt es bei Lacan, dass das Reale des Genießens mit dem Genießen des Realen gleichzusetzen sei. Es herrscht Autochthonie vor, Ureigens-Sein, gelungenes ‚Mehrsein'. Im Originalton Lacan heißt dies: „Die Zentralität ist das, was ich als das Feld des Genießens bezeichne. . . Das Genießen ist hier ein absolutes, es ist das Reale so wie ich es definiert habe, was stets am selben Platz wiederkehrt. Wenn man das weiß, so weiß man das der Frau wegen. Dieses Genießen ist so, dass anfangs allein die Hysterikerin es logisch in eine Ordnung bringt. Tatsächlich ist sie es, die es als ein Absolutes setzt. . . Wenn sie es so setzt, worin sie richtig-gehende Theoretikerin ist, tut sie das aus eigener leidvoller Erfahrung. Gerade weil sie das Genießen als ein Absolutes setzt, wird sie darauf zurückgeworfen, darin nur aus dem Blickwinkel eines im Verhältnis zu ihr selbst unbefriedigten Begehrens antworten zu können."

Da haben wir es wieder, es geht um die erste Ecke des simplen Graphen, wo das schattenartige Zurückwerfen aus der zweiten Ecke das Ganze unbefriedigend und verschleiert macht. Aber immerhin bestätigt Lacan die Nähe der Frau zum Bild-Wirkenden, zum *Strahlt* und zu dem ursprünglichen Genießen, das eben absolut, autochthon ist. Mit meinen Worten: das Absolute ist etwas sehr weit (projektiv geometrisch) Entferntes, das der originär zur ‚Jouissance' hin orientierten Frau zugehört, ihr aber stets entgleiten kann, wodurch sie sich, wohl in den meisten Fällen, unglücklicherweise dem Mann zuwendet, und dessen Art des billigen Plaisirs in Kauf nimmt. Sie identifiziert sich manchmal ganz mit dessen Geschlecht, und das geht dann daneben. Wenn Freud meinte, nicht zu wissen, was die Frau will, so war dies wohl deplatziert und unfair, denn es hängt natürlich zusammen mit dem, was das Wollen des Mannes ist, und mit dem Fehler von beiden, einschließlich Freud, das Ikonische, das Ikon, zu wenig zu kennen und zu berücksichtigen.

Und das weiß auch jeder, die Männer wollen immer das eine, das gleiche, und statt wie Freud vom Willen, spreche ich vom Wollen, weil hier das Begehren deutlicher durchklingt. Nun wissen also alle nichts oder zu wenig von dem Absoluten des Genießens, indem es eine Wahrheit (das A) ohne Wissen ist (ohne das ‚Objekt' **a**). Von der Wahrheit des Genießens direkt etwas auszusagen,

haben nicht nur die sich männlich gebenden Hysterikerinnen, sondern stets auch Mystiker, Enthusiasten und
Spiritualisten auf die Bühne getrieben. Nun hat man
meistens auch die mittelalterlichen Mystikerinnen wie
Hildegard von Bingen, Mechthild von Magdeburg und
Theresa von Avila als neurotisch eingestuft. Sie sind das
wohl alle ein bisschen, aber ist die Neurose nicht die
Voraussetzung für Kreativität? Zur Vereinfachung erneut
ein kleines Schema, in dem alles wieder in eine, wenn
auch unscharfe, Korrelation zueinander gestellt ist.

Für die Entwicklung des Ikons, das ich dann rein
schwerpunktmäßig der Frau zuordnen würde, kann man
sich beim Phonem, schwerpunktmäßig Mann, die Freiheiten leisten, Wahrheiten auch ohne Wissen zu sagen. Das

	S_1	S_2
	verbal. Signifikant	imagin. Signifikant
	Macht	Wissen
	männlich	weiblich
	'Mehrlust' a	autocht. Genießen

absolute Genießen der ‚Neurotikerin' zeigt doch an, dass
man die unter S_2 versammelten Begriffe doch zuerst
einmal so stehen lassen kann, weil das Ikon gar keine
feste, dauerhafte Zuordnung benötigt, wenn man es – und
das soll der Schrägstrich im obigen Schema vermitteln –
unmittelbar, sogleich, direkt mit dem Phonem, dem S_1
vereinen würde. Der Schrägstrich beinhaltet die *Formel-
Worte*, die diese Vereinigung in der ersten Übung der
Analytischen Psychokatharsis anbahnen, um (in etwa)
am Höhepunkt der Katharsis auf das nach innen Hören,
den ‚Laut', ,Ton' in der zweiten Übung umzuschlagen.

Das Ikon, ganz egal was es ist (es wird sich letztlich von selbst zeigen), wird nur kurz genutzt, kann seine Problematik gar nicht entfalten, weil es noch inmitten der Katharsis sich dem Phonem, dem Wort-Wirkenden, zuwendet, das – in der *Analytischen Psychokatharsis* nach fortgeschrittenem Üben – ein *Pass-Wort* sein wird. Was das bedeutet, erkläre ich am besten an einem Beispiel durch eines in der Anwendung der *Analytischen Psychokatharsis* erworbenen *Pass-Wortes*, das ich für besonders originell halte. Es handelte sich um eine Probandin, die mit der Methode ebenfalls schon längere Zeit geübt hatte, sich aber auch in psychoanalytischer Literatur auskannte, weil sie Psychologin war. Nachdem sie in einer ersten Übung ein paar *Formel-Worte* rein gedanklich wiederholt und eine befreiende Luzidität (Blick-Bild-Wirkendes, das Es *Strahlt,* ‚Lichtpunkt‘) wahrgenommen hatte, konzentrierte sie sich in der zweiten Übung auf den ‚Laut‘ (das *Wort-Wirkende*, das Es *Spricht*). Wie von ferne kommend, leise, aber doch klar, vernahm sie nach einiger Zeit der Meditation den Spruch: „Schwarz gehört"!

Schwarz gehört!? Gibt's das!? Die Psychologin fühlte sich schon allein von der Tatsache, dass es ein inneres Hören gibt, überwältigt. Und dann: Schwarz gesehen, so etwas sagt man schon öfter, aber schwarz gehört! Na klar, sagte sie mir, „man kann schwarz fahren, schwarz Geld umtauschen und eben auch schwarz hören, denn genau das ist es doch: es geht in der Meditation nicht um das normale Hören mit dem Ohr, auch nicht um das Hören mit dem ‚Dritten Ohr‘ wie es der Psychoanalytiker T.

Reik einmal formulierte." Er hat es – ergänzte ich –
sogar poetisch originell gesagt, aber wissenschaftlich
würde man das anders nennen. Und überhaupt, hat man
nicht im Krieg den Ausdruck oft gebraucht, wenn es um
das Hören verbotener Radiosender, speziell der
Feindsender ging? Ja, Schwarzhören war im Krieg ein
‚Rundfunkverbrechen' und auch heute noch gibt es an
Universitäten Schwarzhörer, die in unerlaubte Vorlesun-
gen gehen oder solche, die verbotenerweise Telefone
abhören.

Doch bei meiner Probandin ging es um etwas anderes.
Ich versuchte es ihr zuerst mit dem Begriff der „Echos
des Körpers" zu erklären und konnte hinzufügen, dass
das innere Gewahrwerden von Lauten, von Lacans ‚ultrareduzierten Phrasen' herkommen, weil diese durch die
sogenannten ‚Engführungen der Signifikanten' haben
gehen müssen. Diese Engführungen, die Lacan die ‚defiles logiques' heißt, werden durch die Schichten des unbewussten typographischen Raumes gebildet, sie sind
den verbalen Signifikanten, dem *Wort-Wirkenden* imma-
nent. Dieses aus den ‚defiles logiques' herausquellende
Hören ist tatsächlich so andersartig, dass man es bestens
als ein ‚schwarz hören' bezeichnen könnte. Es ist, als
zapfe man in sich einen fremden Sender an, doch es ist
nur das/der *Andere* in einem selbst.

Meiner Probandin fielen dann auch die wichtigen Dinge
ein, die sie wohl mehr oder weniger ‚schwarz gehört',
die sie aber auch selbst verbreitet hatte, nämlich all die
Intrigen, Mauscheleien und die hinter vorgehaltener

Hand geflüsterten Sätze. Sie waren doch nichts anderes gewesen als im Schwarzdunklen getauschte Kommunikationen. Man hätte sie nicht hören und sprechen sollen, so wie man auch die ins Unbewusste hin verdrängten Gedanken und Bedeutungen nicht hören will. Wer will schon die eigenen, niedrigen, unguten Gedanken hören, die man bei sich nicht mag.

Niemand sitzt dabei, wenn man beim Meditieren etwas in sich hört, und doch handelt es sich um etwas ernsthaft Gesagtes. ,Hast du etwas heimlich, also schwarz gehört', fragte sich meine Probandin schließlich und fühlte sich dadurch weiter überwältigt. „Ich habe mich ertappt gefühlt, aufgeschreckt, und tatsächlich fiel mir ein, dass ich als Kind ein Gespräch meines Bruders belauscht habe, und das hatte alle möglichen Konsequenzen", berichtete sie. Etwas belauschen ist etwas Ähnliches, vielleicht Umgekehrtes, wie ein Sich-Versprechen. Im Verborgenen sich tummelnde Laute enthüllen sich und überwältigen einen. Aber kann man daraus nicht etwas Wichtiges, Gutes, Hilfreiches machen? Bekommt man dadurch nicht diese intime Stimme des *Pass-Wortes* mehr mitgeteilt als in den tausenden von Social Media Kanälen?

Sie ist so vertraut, so intim und wahr wie die, die ich wieder von der Heiligen Theresa zitieren möchte. Als die Heilige mit ihrem Wagen in einem Fluss umstürzte, hörte sie eine Stimme von oben her sagen: „So behandle ich meine Freunde," worauf sie gewitzt entgegnete: „Deswegen hast du auch so wenige." Es handelte sich nicht um die Stimme Gottes, sondern um die ihres Jesushaften

Anderen, der im Gegensatz zu Gott eben sarkastisch und ironisch sein kann. Aber dennoch war es die Stimme eines ‚Ich-Du‘, eines maliziösen Dialogpartners, der sich jedoch – der Intention der Heiligen entsprechend – vor dem Hintergrund eines ‚Ich-Es‘ ereignete. Beweist solch ein Vorgang nicht eine gute, gelungene Verinnerlichung? Ist etwas Derartiges nicht besser als ein Herunterleiern auswendig gelernter Gebete?

Zurück zum Ikon. In der durch die *Formel-Worte* sicher geführten Meditation können Bilder auftreten, die im Stande sind, glänzend, luzide betörend, ähnlich den Erscheinungen im luziden Traum zu wirken. Bleibt solch ein Bild stehen – und dies kann man natürlich auch selbst ein bisschen steuern – nenne ich es ein Ikon, ein *Strahlt-Bild.* Es hat keinen Sinn sich im Ikonischen zu verlieren, obwohl es durchaus wichtig ist, dass das kathartische Genießen, die ‚Jouissance‘, ausreichend erfahren wird. Sie ist es doch, die in Freuds Hypnosen so genussvoll erlebt werden konnte, aber eben nur abhängig von der bestrickenden Stimme des Therapeuten. Die Bestrickung kommt in der *Analytischen Psychokatharsis* durch die *Formel-Worte* zustande, die allerdings nicht in dem Maße abhängig machen können, weil sie nichts definitiv bedeuten und sagen. Aber sie werden irgendwo an eine Grenze führen, wo eben das Wort, das Ergebnis-Wort, *Pass-Wort,* notwendig ist.

Die ‚Jouissance‘ hebt die Seele ja in die Bereiche, die Goethe mit seinem Begriff des ‚Urphänomens‘ (am Beispiel der Urpflanze als Grundstruktur der gesamten Botanik zu sehen) zu beschreiben versucht hat. Oder was der Philosoph W. Benjamin in seiner ‚Urformel' finden wollte, wie er sie auch in ‚kollektiven Träumen' vermutete.[101] Sein berühmtes Passagenwerk sollte hauptsächlich aus Bildkompositionen der Pariser Passagen das Innerbildliche des Menschen erklären. Hätte er mehr von Freuds ‚Vorstellungsrepräsentanz' und meditativen Methoden gewusst, wäre ihm dieses ungeheure Projekt, das Bild- und Wort-Wirkende in einer Ikonographie zu erstellen, eher gelungen.

Ich erinnere nochmals an Denekes Erinnerungs- und Ur-Bilder. Genau auf diese kommt es an, will man die Psychoanalyse nicht von dem sie dominierenden Wort-Wirkenden, sondern von der anderen Seite, wie es auch Benjamin wollte, vom Bild-Wirkenden her, aufbauend darstellen. Doch für Deneke gibt es kein triebartig Wirkendes, für ihn existieren nur Gehirnstrukturen, deren neuronaler, energetischer Austausch für das sorgt, was bei Freud die Triebkraft bewirkt. Das Passagenwerk Benjamins würde er nicht verstehen, es wäre ihm zu wenig Neuronen netzwerklich, zu wenig mechanisiert und eben zu dialektisch. Das Ikon, das Ikonische a la Pierce, trifft es noch am besten.

---

[101] Es handelt sich um Träume, die auf Grund gesellschaftlicher Spannungen und Strukturen in einem großen Kollektiv im Sinne der Freud'schen Wunscherfüllungstheorie gleichermaßen zustande kommen und so das unbewusste ‚Urbild' verraten können. Ausführlich berichtet S. Buck-Morss darüber in ihrem Buch ‚Dialektik des Sehens', Suhrkamp (2000)

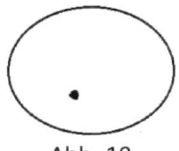

Abb. 10

Lacan beschreibt eine Vakuole (Bläschen, Sphäre, Abb. 10) mit einem Punkt (Mehrlustobjekt **a**) als die einfachste Form, das Genießen im Unbewussten und das Ikon als dessen Bild-Wirkenden Ort darzustellen (siehe Abbildung nebenan). Diese als Sphäre bezeichnete Kugeloberfläche kann geknautscht und verzogen sein, Hauptsache sie ist ohne operative Manipulationen wieder in die einfache Sphäre rückführbar. Während Lacan die Vakuole als die einfachste Art der Sublimierung mit dem sexuellen Genießen (mit Punkt als ‚Mehrlustobjekt' **a**) verbildlicht, legt er im Weiteren mehr Betonung auf komplexere Formen, die Schnitt- oder Randstrukturen aufweisen. Der Rand des Mundes hatte es schon Freud angetan, indem er nachwies, dass er beim Kleinkind zur Quelle eines eigenen Triebs wird. Dieser Rand verlangt nicht nach Nahrung, sondern nach Kitzel, nach Mundlust, denn selbst nach Sättigung nimmt das Kind den Daumen in den Mund oder auch andere Dinge, um sein Begehren daran zu stillen.

Die Abbildung rechts zeigt die *Klein'sche Flasche* mit der in die Vakuole hinein reichenden Randstruktur. Bei der Sphäre ist die Randstruktur auf einen Punkt zurückgestutzt, was für die Textur, das Bild-Wirkende, genügt. Die komplexeren topologischen Figuren mit Rand sind für detaillierte psychoanalytische Erklärungen sinnvoll, um die

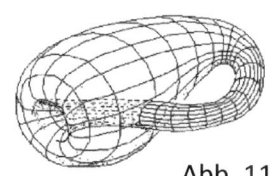

Abb. 11

libidinöse Triebkraft zu demonstrieren, die mehr dem unbewussten Text, dem Wort-Wirkenden, unterliegt. Lacan konnte nicht genug davon kriegen (Möbiusband, Torus, Kreuzkappe, etc.)., Für das Vorhaben der *Analytischen Psychokatharsis* mit dem Hinweis auf den Beginn der Meditation, ist die Sphäre ausreichend. Sie kann – wie schon erwähnt – sichtbar sein in Form einer Raumerhellung oder eines ‚Lichtpunktes' vor den geschlossenen Augen. Manchmal ist die Sphäre nur spürbar, indem das Gefühl eines sich ausweitenden Raumes auftritt, Heller-Roazens ‚inner touch', der ein ‚Durchrieseln' im Körperbild hervorruft. Alles geht von dem Punkt, von dem klein **a** inmitten der Sphäre aus (was sich meistens auf den Blick bezieht).

Wie auch in anderen Meditationen schließt man in der *Analytischen Psychokatharsis* (speziell in dessen ersten Übung) anfänglich besser die Augen, bis man die Körperhaltung nicht mehr genau orientiert wahrnehmen kann. Es öffnet sich dann ein derartiges Gebilde wie die erwähnte Sphäre, in die man sozusagen von innen her hinein ‚sehen' kann, und der Blick-, Subjekt-, *Strahlt*-Punkt der Mehrlust **a** ist dann nur das Ikon der reinen Luzidität. Aber egal was kommt, das sichtbar oder spürbar Ikonische wird durch die *Formel-Worte*, die in dieser ersten Übung rein gedanklich wiederholt werden, in guter Distanz gehalten. Ob man sich nun kürzer oder länger damit beschäftigt, irgendwann wird man zur zweiten Übung wechseln, die das eigentliche Ergebnis des Verfahrens liefert, die *Pass-Worte*.

Ich schildere als Beispiel für die beiden Übungen und speziell der *Pass-Worte* hier eine Erfahrung, die anschaulich ist, auch wenn sie nicht aus der Anwendung der *Analytischen Psychokatharsis* stammt. Der Arzt H. Lindemann überquerte 1955 mit einem Faltboot den Atlantik und überlebte nur dank der Nutzung seines ‚autogenen Trainings‘. In dieser einfachen Autosuggestion prägte er sich als Hilfe zur Durchhaltemotivation stets den Spruch ‚Kurs West‘ ein. Einmal hörte er sich im Halbschlaf den Satz gedanklich sagen: ‚Der Boss ist im Westen‘! Sofort war er hellwach, bemerkte, dass er weit abgetrieben war und korrigierte seinen Kurs. Ganz klar hatte der wiederholte Spruch in ihm fortgewirkt, und so wirken auch die *Formel-Worte* in einem weiter. Doch der Vorteil: sie suggerieren nicht eine vorgegebene Haltung, sondern wecken nur die innere Stimme der Wahrheit, die ‚Stimme des Unbewussten‘.

Sie repräsentieren das Reale, das etwas f o r m a l Symbolisches (überlappende Bedeutungen) und ebenso etwas f o r m a l Imaginäres (Kreisschreibung, Schnittstellen) mit enthält. Dadurch bekommt das Bild-Wirkende die Möglichkeit weit ins Ikonische hineinzugehen und das Wort-Wirkende die Fähigkeit ein *Pass-Wort* der originären Identität herauszugeben. Die Mystiker früherer Zeiten waren noch durch ihren religiösen und mythischen Rahmen gefeit davor, zu weit abzudriften. Gewiss konnten sie die volle Freiheit nicht genießen, sie konnten beispielsweise Christusvisionen haben, und das hielt sie in der religiösen, wenn auch nicht mehr so rigiden, konfessionellen Spur. In der *Analytischen Psychokatharsis* existiert hier jedoch eine viel weiter ausgedehnte Grenze, die durch den Bezug zum Realen der *Formel-Worte* gebildet wird.

Doch nun nochmals zur Heiligen Theresa von Avila, zu deren Realem sich gute Vergleiche herstellen lassen. Ganz ähnlich wie meine und Lacans Sphäre sieht nämlich die ‚Seelenburg' der Heiligen Theresa aus. In diesem, ihrem Hauptbuch, beschreibt sie sieben Wohnungen dieser sphärischen Burg. „In die innere Burg Eurer Seele könnt ihr ohne Genehmigung der Oberen zu jeder Stunde hinein gehen. Habt ihr einmal die Freuden dieser Burg erfahren, werdet ihr in allen Dingen Ruhe finden," schreibt sie.[102]

Die Theologin M. Eckholt ergänzt dazu: „Die Seele kann in den verschiedenen Räumen ‚umherschweifen', kann immer wieder neu Wohnungen und Gemächer betreten, in denen sie sich schon aufgehalten hat, kann von weltlichen Ehren und Zerstreuungen wieder angelockt werden und sich am Burggraben aufhalten. Das betrifft vor allem die ersten vier Wohnungen," und so kann ich mich bestätigt fühlen, dass man sich durchaus eine Zeitlang mit dem eigenen Ikonischen beschäftigen kann. Doch Eckholt schreibt weiter: „Setzen die ersten Wohnungen bei der Seele und ihrem Antrieb zur Selbsterkenntnis an, so stehen die letzten drei Wohnungen für unterschiedliche Intensitätsgrade der Liebesbegegnung zwischen Gott und der Seele. Die Heilige Theresa selbst bringt den Ver-

---

[102] Theresia von Avila, Die Seelenbunrg, Kösel (1973)

gleich des Verliebt- und Verlobtseins (so die fünften und sechsten Wohnungen) und der „mystischen Hochzeit" (in der die siebten)."[103]

In letzterer begegnet ihr „der Herr in glänzender Gestalt und von außergewöhnlicher Schönheit." Schon vorher spricht die Heilige oft von den „wonnigen Gefühlen" und den geheimnisvollen „Anhauchen", das mich an das ‚Durchrieseln' erinnert, das den Rücken herunterprickelnde Gefühl, wie man es bei einem bewegenden Musikstück erfährt und das eben auch in der ersten Übung der *Analytischen Psychokatharsis* auftreten kann. Die ‚Mehrlust' findet also bei der Heiligen Theresa auch noch in den höchsten und erhabensten Situationen in vielen Formen statt, und weil die Seelenburg auch aus klarem Kristall gemacht ist, kann man sie gut mit dem Ikon der Sphäre oder komplexeren Topologien vergleichen. Wie meistens bei den Mystikerinnen wird alles in amourösen, schwärmenden und beglückenden Schilderungen dargestellt. Aber immerhin findet sich in dem Ikonischen und den „Verstandesschauungen" der Heiligen Theresa viel Freiheit, feministischer Mut und intuitive Weisheit.

Diesen wunderbaren und vor allem vom Bild-Wirkenden her bestimmten Aspekten will ich in der *Analytischen Psychokatharsis* eine wissenschaftliche Form geben und statt dem religiösen Bezug einen psychoanalytischen

---

[103] Eckholt, M., Theresia von Avila und die Entdeckung der Sub-jektivität in der Frühen Neuzeit, (13. 12. 15.) feinschwarz.net

einführen. Denn auch die Heilige Theresa erwähnt die Gefahren von Perversion und Psychose: erstere schildert sie in der Form „giftiger Tiere", von „Vipern und Nattern" im Halbdunkel der unteren Wohnungen, letztere in den geistigen Täuschungen und Verirrungen, die bis in die letzten Winkel der siebten Wohnung reichen können. Erst die unio mystica, die erotische Vermählung, die ich die chill-out Katharsis, die ergreifende „Jouissance' mit dem *Anderen* nenne, führt in beiden Fällen nun auch zum Wort-Wirkenden, ausgedrückt bei der Heiligen Theresa in frommen Belehrungen, die ihr in diesen Momenten einfallen. Sie schreibt nicht, dass sie diese göttlichen Worte hört, aber das Wort-Wirkende kommt eben auch bei ihr am Schluss zum Zug.

Der Glaube als grundsätzlicher, vermischt mit den Sentimentalen und Rührseligen, hat heute keine Plattform mehr. Aber auch die klassische Psychoanalyse ist nicht mehr modern genug, sie ist ständig gezwungen, die störende Symptome erzeugenden Komplexe der gestopften Randstrukturen, der seelischen Löcher, aufzuzeigen, zu enthüllen, zu deuten und dem Patienten so auf mehr intellektuelle Weise zu helfen. Wenn ich das auch als langwierig und umständlich kritisiere, soll das für die Neurosenbehandlung so bleiben und kann ich es gut mit den *Pass-Worten* der *Analytischen Psychokatharsis* vergleichen, auch wenn der Betreffende nun selbst an der Bedeutung dieser ‚ultrareduzierten Phrasen' mitwirkt. Ich habe an dem Beispiel mit dem ‚schwarz gehört' gezeigt, dass man daran noch ein paar rationale Gedanken heften muss, um die Bedeutung des *Pass-Wortes* voll zu klären. Dafür kann er sich aber auch die ‚Verstandes-schauungen‘, das Ikonische ‚ohne Genehmigung der Oberen‘ – nämlich der Psychoanalyse-Päpste in der Internationalen psychoanalytischen Vereinigung – sparen. Er kann sich das für ihn wichtige Ikonische selbst anschauen und seine klärenden Worte dazu selbst finden.

Er kann aber auch so etwas wie die Seelenburg der Heiligen Theresa lesen, die nicht nur eine große Seele war, sondern auch eine Vorläuferin modernster Psychoanalyse. Denn sehr bemerkenswert erscheint ihr der erste Satz des Hohen Liedes im Alten Testament, den die Heilige Theresa so zitiert: „Der Herr küsse mich mit dem Kuss seines Mundes, denn köstlicher als Wein sind deine Brüste,“ während in allen deutschen und englischen Übersetzungen statt von Brüsten von Liebe geredet wird. Aber in der lateinischen Originalfassung steht ‚ubera‘, und das sind nun mal die Brüste! Typisch für die kleingeistigen, spießigen, verdummten Theologen, die diesen Widerspruch von männlichem und weiblichen Attributen hinsichtlich der gleichen Person nicht aushalten können! Auch psychoanalytische Kollegen, denen ich den Text vorhielt, meinten, es handle sich wohl um Inter- oder Bisexualität, noch blöder! Was den einen zu peinlich und provokativ erscheint, drücken die anderen erst recht stur freudianisch aus (Es gibt aber zum Thema der ‚ubera‘ wohl auch einen ähnlichen Wortklang im Alt-Hebräischen, wo es mit Liebkosungen übersetzt ist).

Die Heilige hat den Satz trotzdem viel besser gelöst. „Wie dies zu verstehen ist, weiß ich nicht,“ schreibt sie,

„aber gerade dieses Missverstehen macht mir Freude: denn die Seele, meine Töchter, soll in der Tat nicht so sehr das ins Auge fassen, und sich nicht so sehr von dem einnehmen lassen, was ihr kurzsichtiger Verstand hienieden fassen kann. Sie soll vielmehr unter dem Eindruck dessen stehen, was sie in keiner Weise zu begreifen vermag." Und so ist die Heilige Thresa von Avila eine chte Lacanianerin, denn Lacan betont zigmal in seinen Vorträgen, dass man nicht zu viel verstehen soll, vielmehr soll man sich im Signifikanten vom Unbewussten her ergreifen lassen. Die Heilige wehrt sich gegen zu „spitzfindiges Nachdenken" oder zu vorschnelle Reaktionen und zitiert, wie einmal Gelächter und Unmut über die Predigt eines Mönchs zur „Erklärung des zärtlichen Liebesverkehrs im Hohen Lied mit Gott" aufkam, wo es doch nur um Liebe ging! Doch „der Grund des Benehmens dieser Leute" war ihr schnell klar: „es war kein anderer als der Mangel an erfahrungsmäßiger Liebe zu Gott. Bei diesem Mangel scheint ein so inniger Verkehr der Seele mit Gott unmöglich!"[104]

Übermäßige Liebe zu Gott muss man heute nicht mehr haben, aber ein bisschen von der starken Sublimierung, von der Übertragungsliebe zu den *Formel-Worten* und dem wissenschaftlichen Aufbau der *Analytischen Psychokatharsis* ist doch gefragt, will man mit ihr üben und Erfolg haben. Die *Analytische Psychokatharsis* hat

---

[104] Es existiert allerdings ein sehr ähnlich klingendes Wort im Hebräischen für ‚Brüste' und ‚Liebesleidenschaft', von woher die seltsame Übersetzung in der Vulgata verständlich würde.

nichts mit Spiritualität zu tun, nichts mit hoher Geistig-
keit, denn sie fußt nur auf dem Bild- und Wort-Wirkenden. Aber die großen Gefühle der Katharsis kommen
genauso zur Geltung, wie sie es bei der Heiligen Theresa
von Avila und bei Freuds Hypnose Patienten getan haben. Sie richten sich auf diesen Moment der Transition,
des Übergangs vom Bild-Wirkenden, vom *Strahlt*, auf
das Wort-Wirkende der *Pass-Worte*. Das erspart viele
Unannehmlichkeiten, mit der Die Heilige Theresa kämp-
fen musste, vor allem mit der Sicherheit, der Klarheit, ob
die Schauungen nun von Gott oder von woanders her
kommen. Jahrzehntelang musste sie mit vielen Schmerzen diese Kämpfe durchstehen.

Trotz allem kann man bei ihr viel über das Wesen des
Ikonischen und des Ikons lernen, von dem es bei ihr nur
eines gab: Gott, den sie aber in seiner Schönheit (und
dies war ja auch schon bei dem Jüngling der Transverberation der Fall) offenbar klar sehen konnte. Natürlich
erinnert der jünglingshafte Engel an den ebenso schönen
Adonis, doch ich will jetzt hier nicht wieder alle Vergleiche zu meinen Titelfiguren ziehen. Ich könnte zwar in
der Heiligen Theresa eine Göttin sehen, schließlich war
sie doch mit Gott ,mystisch vermählt', war eins mit Ihm,
wozu Assoziationen zu Jesus bestens passen, war er doch
wie die jugendlichen Könige im Matriarchat als junger
königlicher Mann im Zentrum des Geschehens.

Zu Marx gibt es jedoch durchaus eine geeignete Parallele
bei der Heiligen Theresa von Avila, denn sie lebte für die
Armen, Verlassenen und Unterdrückten. Und vom

Mehrwert, den die Armut und das Leiden bedeutet, war im Christentum seit jeher die Rede. Auch hier wird sichtbar, dass der Mehrwert stark vom unbewusst Psychischen her mit geprägt wird, wenn es auch ganz unterschiedliche Ausgangspunkte gibt. Aber damit genug von Marx, Lacan, Adonis und mir. Im Grunde genommen müsste ich dies alles gar nicht schreiben, denn meine Intention besteht ja nur darin, den Menschen, die es brauchen oder für die es gut wäre, das Verfahren der *Analytischen Psychokatharsis* zu verkaufen – kostenlos.

10. ‚Ding‘ und *Formel-Worte*

Ein Abschluss muss aber noch her. In Schopenhauers Buch ‚Die Welt als Wille und Vorstellung‘ zeigt der Philosoph, dass Kants ‚Ding an sich‘ nichts anderes ist als der menschliche Wille. Zurecht bemerkt Schopenhauer, dass das ‚Ding an sich‘ kein Ding mehr ist, kein Objekt, keine Sache, nichts materiell Festes und physisch Gültiges. Vielmehr hat es damit zu tun, dass Kant sein eigenes subjektbezogenes philosophisches Sprechen nicht anders erfassen konnte. Er musste es ‚Ding‘ nennen, um ihm eben einen objektbezogenen Charakter zu geben, aber er musste auch von einem ‚an sich‘ sprechen, was eine Art von Hilflosigkeit bedeutet, von Flucht in Transzendenz, von dem Bemühen, sich selbst aus dem Spiel zu lassen. Er hat also das ‚Ding‘ symbolisiert, es definitiv angesprochen, aber es zugleich im diffus Imaginären eines ‚an sich‘ wieder stehen lassen.

Schopenhauer lag nicht falsch, wenn er Kants 'Ding an sich' als etwas anderes, Subjektbezogenes bezeichnete, eben als den Willen des menschlichen Subjekts. Es erinnert an die Volksmund-Version: wenn jemand etwas ganz überzeugt will, sagt er „das ist mein Ding, das mache ich.“ S. Freud hat dieser Feststellung allerdings eine weitere Nuance bzw. Uminterpretation hinzugefügt. Er sagt, dass es sich dabei nicht um den Willen handelt, sondern um das Wollen, das ein Begehren ist, ein heraus Drängen. Der Wille ist etwas zu Bewusstes, zu sehr mit dem eigenen Ego Verbundenes. Dagegen ist das Wollen mehr etwas Unbewusstes, ein Etwas, ein ES, das in uns will. Dieses Wollen ist unbeugsam. Und zudem: es gibt – wie erwähnt – ein worthaftes und ein bildhaftes Wollen, einen Sprech- und einen Schau-Trieb (Wort-Bild-Wirkendes, *Strahlt/Spricht*).

Schon Freud konstatierte, dass es zum ‚Ding‘ drei Diskurstypen gibt, denen eine gewisse Sublimierung korreliert. Für die Kunst ist es die Hysterie, für die Religion die Zwangsneurose und für die Wissenschaft die Paranoia. Diese drei Formen der Sublimierung haben also Beziehung zu dem Lacanschen ‚Ding‘, und zwar in der Art, „dass das 'Ding‘ dabei stets durch eine Leere repräsentiert sein wird, weil es nicht durch anderes repräsentiert werden kann – oder genauer, weil es repräsentiert werden kann allein durch anderes . . . Für alle Kunst ist eine bestimmte Weise der Organisation charakteristisch, die um jene Leere herum kreist." [105] Sie umkreist stimuliert den Betrachter, aber findet kein Ende.

Und für die Wissenschaft? Was diese Leere und das damit verbundene ‚Ding‘ „und . . . den Diskurs der Wissenschaft angeht, . . . so kommt in ihr das Wort voll zur Geltung, das Freud bei der Paranoia und ihrem Verhältnis zur Realität verwendete – Unglauben. . . Bezüglich des Unglaubens gibt es aus unserer Sicht, eine Position des Diskurses, die sehr genau zu begreifen ist im Verhältnis zum ‚Ding‘ – das ‚Ding‘ wird in ihr verworfen (nämlich im Sinne der von mir schon erwähnten beson-

---

[105] Lacan, J., Seminar VII, Quadriga (1996) S. 160

ders heftigen Art der Verdrängung). Ebenso wie es in der Kunst eine Verdrängung des ‚Dings' und in der Religion vielleicht eine Verschiebung gibt, geht es im Diskurs der Wissenschaft, eigentlich gesprochen, um Verwerfung. Der Diskurs der Wissenschaft verwirft die Präsenz des ‚Dings', insofern sich, aus seiner Sicht, das Ideal des absoluten Wissens abzeichnet, das heißt das Ideal von etwas, das zwar das ‚Ding' setzt, doch mit ihm nicht rechnet. Jedermann weiß, dass diese Sicht sich in der Geschichte letztlich als ein Scheitern herausstellt. Der Diskurs der Wissenschaft ist von dieser Verwerfung bestimmt, deshalb wahrscheinlich – was vom Symbolischen verworfen wird, erscheint nach meiner Formel im Realen – läuft er auf eine Sicht hinaus, in der, am Ende der Physik, ein so Rätselhaftes wie das Ding' sich abzeichnet."[106] Darauf komme ich noch zurück, denn das klingt ja nach einer Möglichkeit das *Strahlt* und *Spricht,* Geist und Materie, endlich definitiv zu verbinden.

Das ‚Ding' hat Beziehung zur hochgradigen Sublimierung, „insofern der Unterschied zum Objekt also zunächst der ist, dass das ‚Ding' fundamental fremd ist, . . jedenfalls das erste Außen ist als das, woran sich der ganze Weg des Subjekts orientiert. Es ist ohne jeden Zweifel ein Weg der Kontrolle, der Referenz, im Verhältnis wozu? - zur Welt seiner Begehren."[107] Wir begehren zu viele Objekte, zu sehr objektbezogen, und so bleiben wir unten, anstatt das Objekt – wie Lacan weiter

---

[106] Lacan, J., Seminar VII, Quadriga (1996) S. 162
[107] Lacan, J., Seminar VII, Quadriga (1996) S. 66f

ausführt – „zur Würde des ‚Dings' zu erheben", also zu sublimieren. Man muss von völliger Selbstsublimierung sprechen, will man in seine Nähe kommen. Denn wie soll diese hochgradige Verfeinerung zu Stande kommen, wenn nicht aus dem Selbst heraus, im direktesten Weg, der in der Meditation der *Analytischen Psychokatharsis* gesichert ist, während er sonst nur mythisch, mystisch gefahrvoll gegangen werden kann..

Wie die Schwarzen Löcher in der Physik hat das ‚Ding' unglaubliche Anziehungskraft, obwohl es leer ist, ursprünglichster Mangel ist, Kluft, ein Nichts. Lacan meint, dass dieser Mangel durch den Verlust der Plazenta, die ja die Hälfte des kindlichen Körpers ist, weil sie zu ihm gehört und nicht zur Mutter, plastisch dramatisiert wird. Wir erholen uns von dieser Trennung nicht und klammern uns an die Objekte der ‚Mehrlust'. Das ‚Ding' hat so gesehen auch etwas mit der „genießenden Substanz", der ‚Jouissance', zu tun, um nicht zu sagen, es ist ihr gleich. Und wenn ich schon Lacan zitierte mit seiner Bemerkung, dass die Frauen dieses ihnen eigene Genießen nicht so hoch schätzen, so liegt dies sicher auch daran, dass es Bezug zum Berauschenden des ‚Dings' hat, das eben nicht so leicht zu verwirklichen ist, denn es befindet sich – wie könnte es anders sein – in der ersten Ecke des Graphen überdeckt von der zweiten.

Ich zitierte diesbezüglich gerne die Psychoanalytikerin R. Golan, die vom ‚Ding' als der „Jouissance feminine" spricht, die auch „Schmerz und Leid einschließt, dafür aber auch Universalität, Höhe, Grenzenlosigkeit, Er-

kenntnis / Erleuchtung, Wissen, Freiheit und Glückselig-
keit beinhaltet."[108] Und dahin zielt ja auch die anscheinend transzendente Berauschtheit des ‚Dings'; sie ist
nicht nur positive Rausch-Ekstase, sondern auch
manchmal ein Gefühl, den Tränen nachgeben zu müssen,
Gefühl eines Sich-Ausschüttens, eines Weinens vor
Glück, eines emotionalen beteiligt Seins am grundsätzlichen Leid. Auch der Schmerz ist hier eine Konzentration
der Kräfte im Körper und nicht Krankheit, und das Leid
ist eben Mitleid im generellen Sinne. Anders als die intellektuelle, analytische Möglichkeit, führt auch diese
Möglichkeit zu „Universalität, Höhe . . Wissen . . ." und
was R. Golan noch alles als Resultat dieser „Jouissance"
anführt.[109]

Für Lacan steht dem ‚Ding' in der linken Ecke, also dem
Andere in der rechten Ecke gegenüber, wobei sich bei
Lacan zwischen die beiden, ‚Ding' und *Anderer*, gerne Φ
(griechisch Phi) schiebt, das ‚plaisir phallique', das
‚Mehrlust-Objekt' klein **a** schlechthin, das die Angele-
genheit verkompliziert. Mein Kontrollanalytiker (ein
Supervisor in der psychoanalytischen Ausbildung) er-
zählte mir einmal von einem Patienten, der, kaum ins
Sprechzimmer eingetreten, die Frage stellte: ‚Was ist das
‚Ding an sich'? Klar, für einen Psychoanalytiker drängt
sich hier sofort das phallische Symbol auf, Φ also, die

---

[108] Golan, R. Loving Psychoanalysis, Karnak (2006)
[109] Natürlich muss man den Schmerz wegen ernsthafter kör-
perlicher Krankheit hier ausnehmen, und auch das Leid von
tiefer und echter Tragik unterscheiden.

sexuelle Metapher. Mit dieser konnte aber mein Kontrollanalytiker nicht sogleich antworten und zum Patienten sagen: ‚Ja wissen Sie, das ‚Ding an sich‘ ist der Phallus, symbolisch gesehen, also sexuell im übertragenen Sinn, nicht im realen. Oder so ähnlich. Es erging ihm wie Adam und Eva, die vor dem *Anderen* stotterten.

Denn der Patient hätte es dennoch im realen Sinn verstanden und hätte somit diese Antwort des Therapeuten, den er doch zu Heilungszwecken und nicht zum Sexualkundeunterricht aufgesucht hat, brüskiert und apodiktisch wie Gott zurückgewiesen. Schließlich war der Patient noch nicht in Therapie, war noch nicht ins therapeutische Setting eingebunden. Nur dann nämlich und wenn es zudem im Gespräch einen Anknüpfungspunkt dazu gibt, kann der Psychoanalytiker eine Deutung geben, in der er den Anspruch des Patienten (der Patient spricht das ‚Ding‘ an, um das es psychologisch geht) auf den Trieb zurückführt und patientengerecht deutet. Denn freilich hat der Patient, speziell durch die Betonung des ‚an sich‘ und durch die ja auch etwas provozierende Art, mit der er schon beim Betreten des Sprechzimmers den Psychoanalytiker angeht, diesen mit Φ symbolisch verdeckt konfrontiert.

Darin zeigt sich das Problem der Psychoanalyse hinsichtlich dessen, was sie den Widerstand nennt, mit dem sich der Patient gegen die Aufdeckung der Wahrheit stemmt. Wie soll der Therapeut das phallische Symbol deutend ins Spiel bringen, wenn er derartigen Konfrontationen – wie Lacan konstatiert – einen eigenen, ja vielleicht sogar den größeren Widerstand entgegen setzt? Es gibt nur einen Ausweg: jeder muss das ‚Ding' in sich selber finden, egal ob es als ein ‚an sich', als ein jenseits von Φ oder mit sonst irgendeiner Bezeichnung fungiert. Man kann sich dem ‚Ding' von der klassischen Psychoanalyse nicht nähern, sondern nur theoretisches Zeug darüber hören.

Lacans Bemerkung über das ‚Rätsel vom Ende der Physik' spielt auf die uralte und auch esoterisch stets erneuerte Wunschvision an, man könnte den Verbindungspunkt von Geist und Materie im ‚Ding' gefunden haben. Man kann sich ihm nur in der Weise nähern, die jeder für sich ausgehend vom mehr Bildhaften, vom ‚Oszillierenden', von den Ähnlichkeits-Strukturen des Bild-Blick-Wirkenden in einem selbst in eine logische Selbststruktur packen kann. In einer ausgesprochenen Selbstsublimierung. Vom und zum ‚Ding' eben, dieser amour fou des *Anderen*. Aber so leicht wird das nicht gehen.

Ich kehre also nochmals zu den ersten Identifikationsmodi zurück, die aus Ähnlichkeitsbeziehungen in der Wahrnehmung stammen, so befinden wir uns tatsächlich in dem gleichen Teufelskreis, in dem Kant und Schopenhauer und z. T. auch noch Freud sich befunden haben. Wir taumeln von einer Identität in die nächste, verbleiben also im Imaginären, Bildhaften der ersten Ecke des Graphen, weshalb ja die Spuren gelöscht sind. Und um das dann alles in einen einigermaßen geordneten Zusammenhang zu bringen, bedarf es ganz besonders der oben genannten Übertragungsbeziehung und ihrer Deutung, die vom Worthaften und gleichzeitig Bildhaften herkommt. Wie erwähnt überträgt man in der Psychoanalyse inadäquate Bedeutungen auf den Therapeuten, das Worthafte, das verbal Unlogisch-Logische beherrscht die Therapie. Aber kann man nicht auch das Umgekehrte machen, sich im ‚Oszillieren' im Ikonischen bis zur Erfahrung des ‚Dings' hin stärken, und im entscheidenden Moment gleichzeitig beides, Text und Textur, zusammenführen, einbeziehen, in eine gelungene, reife Kombination bringen?

Man kann sich zur Meditation hinsetzen und die gähnende Leere, das Dunkel, das Nichts, kurz: das doch offensichtlich mehr unsichtbare und doch bildhafte ‚Ding' – im vollen Vertrauen auf die wissenschaftliche und mit Logik begründete Sicherheit – auf sich wirken lassen, Indem man ganz eng, ganz konzentriert bei der gedanklichen Wiederholung der *Formel-Worte* bleibt. Wenn man sich vom Bildhaften, ‚Oszillierenden', nicht völlig ablenken lässt, nähert man sich mehr und mehr dem Realen. Wie gesagt, es kann bereits ein kathartischer Moment, eine Luzidität, ein Schimmerndes Etwas sein, das als erstes erfahren wird. Aus der Tiefe taucht auch manchmal so etwas wie ein Fallgefühl oder gar Seufzer auf, ein aus der Tiefe kommendes, unbewusstes Aufatmen. Solch ein Seufzer, ein derart unbewusster, automatischer Atemlaut, wie ich ihn öfters in einer Meditationsgruppe bei anderen, aber auch bei mir beobachten konnte, bedeutet gleichermaßen eine Annäherung an das ‚Ding'.

Es handelt sich nämlich nicht um ein gemachtes, selbst-
mitleidiges Seufzen, sondern um ein kaum vernehmbares
Klagen, ein Aufstoßen der Erleichterung, der loslöst und
direkt aus dem Realen her auftaucht. Offenbar hat es
etwas mit einer Regression in diese ganz frühe Kindheit
zu tun, die in der herkömmlichen Psychoanalyse nicht
erreicht wird, die aber wichtig für die gänzliche Öffnung
des Unbewussten ist. Es verhält sich also genauso wie
beim Kleinkind im „Grundrhythmus eines ersten Wim-
merns und seines Nachlassens",[110] das einem ursprünglichen, bereits phonematischen ‚Laut' aus dem Realen
entspricht, wie Lacan erwähnt. Dieses Wimmern ist noch
nicht Anruf, Anspruch des Kindes an den Anderen, an
die Mutter zum Beispiel, wie eingangs berichtet, sondern
unmittelbares Reales, sein Weh, sein Ach, sein Schmerz,
aber auch die Ebene der flüchtigen Erfahrung seines
‚Dings'. So bedeutet wohl auch der Seufzer in tiefer Meditation keine markerschütternde Klage, sondern eher ein
elementares Gefühl, dem Auratischen des ‚Dings' nahe
gekommen zu sein.

Auch eine plötzliche Verschiebung im Körperbild, z. B.
das eigene Herz, die Brust, wie ein Nach-Oben-Ziehen-
des' oder das ‚oszillierende' Nach-Unten-Durchrieseln-
des im basalen Körperbild zu erfahren, stellen solche
Grundrhythmen des Realen dar, die im Alltagsleben
überdeckt sind und daher das Lacansche ‚Ding' so un-

---

[110] Lacan, J., Seminar II, Walter (1980) S. 327

sichtbar machen.[111] All das somatoform Störende (Miss-empfindungen, Kribbeln, Tinnitus, funktionelle Verände-rungen, etc.) lässt das Reale spürbar werden und fängt letztendlich zu Sprechen an, auch wenn es sich anfäng-lich nur um einen ‚Laut‘, ein Es Verlautet, handelt, das sich bis zu einem *Pass-Wort* steigern kann.

Während Φ der Signifikant ist, der in der therapeutischen Beziehung als Sprechwesen, als ‚Bedeuter‘ des Begeh-rens, und so als elementar im psychoanalytischen Dialog übersetzt werden kann, würde ich hinsichtlich des ‚Dings‘ ähnlich wie Deneke vom Urbild der Seele spre-chen, von dem in die nackte Welt geworfenen Menschen, der sich in einem Gemisch aus Freude und Schmerz ver-dichtet, imaginär versignifikantisiert, um es einmal so noch nicht ganz geklärt auszudrücken. Denn für das ‚Ding‘ gibt es erst einmal nichts, nichts Symbolisches und auch nichts handfest-definitiv Imaginäres. Man be-findet sich mehr im Realen, das aber irgendwie doch libidinös (?) ist, ‚dinghaft‘, rein basal körperbildlich. Hat es auch etwas mit einem Vorgefühl des Todes zu tun?

„Es gibt in der Liebe immer irgendeine Wonne des To-des, eines Todes jedoch, den wir uns nicht selbst auferle-

---

[111] Auch Erfahrungen von Juckreiz, das Gefühl angeschwollener und taubgewordener Extremitäten, sich aufstellender Haare etc. können hier dazugehören und sind kein Zeichen einer Stö-rung oder Krankheit. Auch das Wahrnehmen des inneren ‚Lau-tes‘ ist kein Tinnitus und das Sehen des luzide Schimmernden keine Halluzination.

gen können."[112] Es hat etwas mit einer ‚Verschmelzungs-sehnsucht' zu tun, die ein mit der Liebe vermischtes To-desbegehren darstellt.[113] Es will etwas wiederholt wer-den, was im Leben noch nicht zum Zug gekommen ist, nicht gesagt, nicht eingestanden und enthüllt worden oder für immer verloren worden ist. So verhält es sich wohl auch mit den vielen Prinzipien, deren letztliche Widersinnigkeit das menschliche Leben ständig zu über-schatten scheinen: ihr Wurzelgrund, das ‚Ding', ist oft nicht einmal wahrgenommen worden.

Trotzdem eröffnet sich hier – in der *Analytischen Psychokatharsis* – mit dem ‚Ding' eine Chance, dem Paradoxen zu entkommen. Wenn es tödliche Wonnen sind, um die es geht und die man sich nicht selbst aufer-legen kann, kann man sie vielleicht von woanders her erfahren. Bei Bhagwan Rajneesch, dem Guru der 70ger Jahre, gab es eine sogenannte „dynamische Meditation", bei der die Menschen tobten und schrien: man wusste nie, ob aus orgasmischer Lust oder aus Todesangst. Es klang beides tatsächlich völlig gleich und war somit et-was unheimlich. Doch so sehr dies an die Wonnen des Todes erinnerte, der meditative Effekt war gering. Man tobte sich aus, erlebte vielleicht eine Katharsis, blieb aber ohne Erkenntnis und sprachliche Enthüllung. Eine der Psychoanalyse vergleichbare Therapie war dies nicht und schon gar nicht eine Erfahrung des ‚Dings'.

---

[112] Lacan, J., Die Übertragung, Seminar VIII, Sitzung vom 15. 5. 61
[113] Lacan, J., Seminar VIII, Passagen-Verlag (2008) S. 234

Es gibt vieles, das zum ‚Ding' führt, es aber nicht mit dem *Anderen* kombiniert und so nicht den vollen Erfolg des ‚logischen' (*Spricht*) und Selbst-Strukturellen (*Strahlt*) zu genießen und zu verwirklichen erlaubt. Es führt zum ‚Ding' nur dann, wenn es durch die Meditation mit den *Formel-Worten* kompakt und einheitlich gemacht wird und so nach einiger Zeit des Übens genau diese Konstanz, die das ‚Ding' als Bildhaftes und doch auch nicht Bildhaftes, sondern als das Psychokathartische im Übergang zum Analytischen, erfassen lässt. Dabei muss man nur ausreichend viel üben, so dass selbst nach Unterbrechungen die Konstanz nicht ganz abreißt. Es handelt sich hierbei um etwas, das man auch von der Psychoanalyse her kennt, wenn z. B. die Therapie nur einmal in der Woche oder gar noch seltener durchgeführt wird.[114] Der Beziehungsfaden, Diskursfaden, muss erhalten bleiben, um weitergesponnen werden zu können.

Das ‚Ding', die mehr als weiblich und mit der Möglichkeit zur 'jouissance feminine' ausgestattete Figur der ‚Psyche' im griechischen Mythos, ist manchmal (im nicht-konstanten Zustand) mehr am schönen mythischen Jüngling ‚Amor' als solchem interessiert und verliert sich in der ‚Sache', in Ψ, während Amor in Φ sein Heil in aufdringlichen Abenteuern und nur im Dunklen su-

---

[114] Loibner, E., Zur Vertiefung der Übertragung im einstündigen Setting, PSYCHE Nr. 1 (2020).Die Autorin versucht die emotionale Beziehung in der Karenz durch Betonung des Raums (Sprechzimmer) als Erinnerungs-, Konstanz-Stütze zu halten.

chen muss oder – wie es im Mythos von Amor und Psyche heißt – dorthin flüchtet. Erst nach langer Zeit nach langem sich kennenlernen, finden Amor und Psyche im Hellen zusammen und heiraten: Psyche rettet ihr ‚Ding‘ und Amor hat im Hellen nicht mehr nur den Charakter von Φ. Beide sind jetzt ‚Ding‘ / *Anderer*, eine Lösung, die – formelhaft – auch die Lösung für die *Analytische Psychokatharsis* ist, in dem der Liebesdiskurs durchgehend ist, durch nichts mehr unterbrochen werden kann, sondern nur mit dem *Pass-Wort* gekrönt wird.

In der Lacanschen Mathematik steht das ‚Ding‘ für die Kohärenz der Signifikanten (deren Summe die Welt ausmacht) in Form einer Kette von Bedeutungen, eines wort-bildhaften Diskurses, die eben nicht nur von Φ, sondern auch vom Tod unterbrochen werden kann. Deswegen kommt Ψ, auch in ihrer mythischen Form in der Figur der Psyche nicht zu ihrem ‚Ding‘ als Übergeordnetem, solange sich alles im Dunklen abspielt, und solange Amor Φ-fixiert bleibt. Wird das ‚Ding‘ im Üben der *Analytischen Psychokatharsis* diese Lücken schließen können durch einen vollen, wissenschaftlich gesicherten und praktisch gefestigten und durch Meditation gehaltenen Diskurs, der die Identität der eigenen Selbst-Struktur und die des *Anderen* (Logik) auch worthaft ausdrücken kann (*Pass-Worte*), wäre das die wissenschaftliche Lösung des Mythos von Amor und Psyche. Somit kann ich argumentieren, dass die Übungen der *Analytischen Psychokatharsis* der libidinösen Metapher aber auch dem Pessimismus des Todes antworten und gewährleisten können, den eigentlichen – Bild-Wort-Wirkenden – Diskurs nicht zu unterbrechen.

„Es gehört nicht zu unserem Thema," schreibt Lacan, „das in seinen Einzelheiten zu ergründen. Das Wichtige ist, dass etwas hier dem ‚Ding‘ ähnelt . . . Genau deshalb geben wir ihr, wenn wir sie im Mythos Die Wahrheit (La Vérité) nennen, die Züge einer Frau. Nur was man nicht vergessen darf, das ist, dass das ‚Ding‘ selbst sicherlich nicht sexuiert ist. Wahrscheinlich ermöglicht uns dies, dass wir mit ihr Liebe machen, ohne die kleinste Idee davon zu haben, was die Frau als sexuiertes ‚Ding‘ wäre." Die Frau ist aber auch nicht dieses ominöse Bild-Blick-Ikonische, sie ist nur verwandt damit, kann aber leider nicht genug ganz Genaues darüber sagen. Das Übergenaue liegt ihr nämlich nicht, und das ist vielleicht ganz gut so für die ‚jouissance feminine‘.

Denn das Genießen, die ‚Jouissance‘ im ‚Ding‘ zu situieren, fällt Lacan schwer, und so fragt er sich doch wieder, ob man es nicht eben im Wesen der Frau ansiedeln muss. Ich habe diese Fragestellung schon in dem auf Seite 75 gezeigten Schema hinsichtlich der Sublimierung diskutiert, das ich hier, jetzt hinsichtlich des Genießens, nochmals darstelle. Denn in diesem Schema wird der *Andere* als der ‚Ort des Sprechens‘ bezeichnet, ‚mit welchem man Liebe macht‘, indem man den Trieb soweit sublimiert, dass nicht nur das ‚Plaisir‘, sondern auch schon ein bisschen von der ‚Jouissance‘ möglich wird. Doch bei der Frau steht ein X, man kann das Genießen als „sexuiertes ‚Ding‘" bei ihr nicht orten, meint er. Also was dann? Ich habe das Schema etwas geändert, denn die Frau im Bezug zum Anderen (der hier ja auch dem Mann nahesteht) und zum ‚Ding‘ nur als X zu bezeichnen, ist etwas dürftig, auch wenn Lacan es mit dem Wort ‚sexuiert‘ spezifiziert. Doch wenn der Andere Ort des Sprechens ist, dann ist die Frau des Ort des Zeigens.

Die Frau?	Der Andere?	Das Ding?
Ort des Zeigens des 'vollendeten Objekts'	Ort des Sprechens mit dem man Liebe macht	Vakuole des Genießens
Die Sublimierung, um Die Frau zu erreichen (höfische Liebe, Idealisierung des Objekts)	Die Sublimierung, um das Genießen mit dem Trieb zu erreichen	Der Repräsentant der Repräsentation (Vorstellung)

Lacan denkt es so nicht, er spricht diesbezüglich – wie auf Seite 78 erwähnt – von der Frau, die als DIE, als universell selbst verdrängt ist, und die in der prähistorischen Venusfigur ein künstlerisches Pendant hat (und heute in Schauspielerinnen bei Filmfestivals oder in Modejournalen als Kultobjekt). Doch es ist typisch für das Versagen der Theorie, an dem Punkt unter der Rubrik ‚Die Frau?‘ nur ein X zu schreiben. Hier fehlt der Hinweis auf die Praxis, zu der ich hinsichtlich der Meditation schon mehrmals hingeführt habe. Das obige Schema war zu theorielastig verfasst. An die Stelle des X gehört der Ort des Genießens als des Zeigens des ‚vollendeten Objekts‘ und auch als ein Ort der Liebe, die zum wahren

Sprechen führen wird, wenn es sich mit dem Anderen verbindet.

Und zwar ist dies deswegen notwendig, weil unter der Rubrik Sublimierung nicht nur die goldenen Käfige der höfischen Liebe zu finden sind, sondern die der maximalen Sublimierung, wie sie schon von den Mystikerinnen früherer Zeiten vorgelebt wurden, aber wegen derer Fixierung an Religiöses und Spirituelles, für die heutige Zeit nicht mehr brauchbar sind. Die Frage, wie man das Genießen als „sexuiertes ‚Ding‘" bei der Frau zu orten hätte, ist falsch gestellt. Man muss es in ihrer Praxis verorten, die keinen theoretischen Namen hat, beziehungsweise nach jedem praktischen Akt neu zu benennen wäre. Dieser Akt ist kein stummer Schrei, auf den Lacan wie erwähnt in diesem Zusammenhang (dem der Meditation) anhand des Bildes von E. Munch zu sprechen kommt. Lacan sieht darin das Sehnsuchtsvolle, das in einem nur „unerträglichen, unmittelbaren Bevorstehen des Genießens" sich als das Erschöpfende zu denken hat, wie es nur bei den Heiligen vorkommt."

Dieses sehnsuchtsvolle Warten aufs Genießen fällt in einer gut geleiteten Meditation nicht so schlimm aus, wie Lacan sich das vorstellt, und das wie gesagt ja speziell im Bereich des Religiösen, ‚Spirituellen‘, Esoterischen zutreffen mag. Aber in einer gut fundierten Meditation, in einigen Methoden des Yoga und vor allem in der wissenschaftlich begründeten *Analytischen Psychokatharsis* ist der stumme Schrei eher als der Moment eines Mutes aufzufassen, indem man sich auf das Nichts, die leere und das Dunkel vor einem einlässt, was jedoch sehr schnell zu Erfahrungen, zu Teilergebnissen und eben zu den Phänomenen des *Strahlt*, des Bild-Wirkenden führt. Schließlich kommt es zu einem Durchschauern, ‚Durchrieseln‘ im Körperbild, zur körperhaften Katharsis, die – wie Lacan ja selbst anmerkte – das eigentliche Feld des Genießens ist. Es entwickelt sich „aus der Konsistenz der Körperbilder“ als der per definitionem beschriebenen ‚substance jouissante‘. Da muss man nicht lange „unerträglich“ warten, denn das demonstriert ‚Die Frau’ in Form des temporären ‚vollendeten Objekts‘.

Es geht also um eine besser konzentrierte „Verteilung der Lust im Körper“, weil die sich überlappenden Körperbilder zusammenschließen. Lacans Kollegin, die Psychoanalytikerin F. Dolto, hatte sich nämlich genau auf diese ‚imaginären Signifikanten‘, die das „basale, erotische und dynamische Körperbild darstellen“, berufen, und damit dem Bild-Wirkenden mehr Raum gegeben. So präsentiert sich das Subjekt nicht nur zwischen zwei Signifikanten (dem bekannten Standartsatz Lacans) sondern auch zwischen zwei oder mehr Körperbildern, zwischen zwei im ‚inner touch‘ zusammengeführten Körperschichten (also in dem körperlich gefühlten inneren Zusammenschluss, um es schlicht zu sagen).

Oder nochmals anders: Die Verteilung der Lust im Körper als einem aus sich überlappenden Körperbildern zusammengefügten ‚Ding‘, vermittelt das von Lacan bei den Frauen so wesentlichen, wegen der Absolutheit jedoch nicht beachteten und nicht geschätzten ureigenem

Genießens, der autochthonen ‚Jouissance' als realisierbar, als direkt erfahrbar, wenn es durch ein übendes Verfahren ermöglicht wird. Ich erinnere nochmals an die Katharsis in der Freud'schen Hypnose, die fehlgeleitet war, weil sie sich an die ‚Mehrlust' der Therapeutenstimme hängte. In der *Analytischen Psychokatharsis* wird jedoch der Diskurs nicht durch ‚Mehrlust-Objekte' fixiert oder unterbrochen, weil er durch den durchgehenden Schriftzug der *Formel-Worte* perfekt aufrechterhalten wird. Ja, er wird sogar in idealer Weise aufrechterhalten, da er keinen vordergründigen Sinn hat, keine gedanklich bewusste Formulierung ist, also genau die Artikulation ohne Worte, von der Lacan so schwärmte.

Und ohne Worte verhält sich auch das ‚Ding', wenn auch nur als ein Teil der Vollständigkeit des universellen Diskurses. Es kann jedoch als Ideal des Bild-Wirkenden, als I(B), mit dem in der Abbildung 3 gezeigten I(A) in der praktischen Übung der *Analytischen Psychokatharsis* zusammengefügt werden. Am Höhepunkt der ersten Übung wird auf die zweite Übung übergegangen, wo sich im *Pass-Wort* diese Zusammenführung als die gesuchte alleinige, alleinig mögliche Eins ergibt. Das heißt, in diesem Moment kommt mit dem *Pass-Wort* eben auch das, was Lacan unter den Nummern 2 und 4 in seinen Graphen eingezeichnet und beschrieben hat zur Geltung.

Eben deswegen ist I(BA), Ideal von ‚Ding' und Anderem, die allein mögliche Eins, weil sie in der Praxis, und nicht nur als schöne und topologisch perfekte Zeichnung zustande kommt. Dazu noch ein letztes Bild. Es zeigt links Lacans klassischen Borromäischen Knoten, die die Durchschlingung des Realen, Symbolischen und Imaginären mit dem **a** der ‚Mehrlust' in der Mitte darstellt. Rechts daneben das gleiche Bild, nunmehr in Form der sich überlappenden und bereits eng zusammengeführten Körperbilder, wie sie von F. Dolto als basales, dynamisches und erotisches Körperbild beschrieben wurden, und denen Lacan konstatierte, dass sie seinen Signifikanten entsprechen. Überlappen sich die Bilder vollständig (ganz rechts) – und dies wird ja in der Meditation

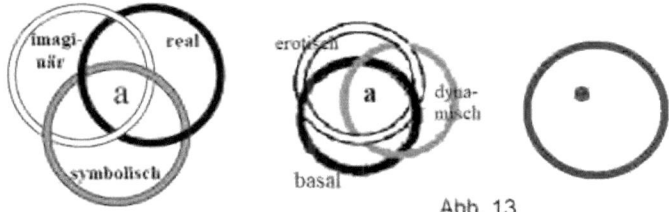

Abb. 13

der *Analytischen Psychokatharsis* so praktiziert – erscheint genau die von Lacan gezeigte Sphäre mit dem **a** bzw. nur noch dem Punkt (Luziditätspunkt), der jetzt ja als ‚Jouissance', als autochthones Genießen erfahrbar ist.

Anhang

Das Verfahren der *Analytischen Psychokatharsis* ist von seiner praktischen Seite her – wie schon zum Teil beschrieben – sehr einfach. Trotzdem noch eine kurze Zusammenfassung und weitere *Formel-Worte*. Man sitzt in bequemer Haltung und wiederholt rein gedanklich, langsam hintereinander, zwei, drei oder bis zu fünf *Formel-Worte*, während man gleichzeitig darauf achtet, ob etwas auftaucht, das den Charakter eines ,Es *Strahlt*' hat.[115] Bei dem „*Strahlt*" kann es sich um eine Erhellung, Körperbildwahrnehmung, ein Schimmern, einen ,Lichtpunkt' oder eine grundlegende Luzidität handeln, dem eben solch ein Phänomen zukommt. Das *Strahlt* ist also nicht etwas, das man selbst imaginieren, erzeugen oder gar erzwingen muss. Man muss nur darauf achten, es zu erfahren.

Es ist in jedem Menschen als Primärform eines Kräftegeschehens (Triebkraft) vorhanden und muss so nur geweckt oder erwartet werden. Genauso kann das Es *Strahlt* aber auch als das erwähnte Durchschauern, ,Durchrieseln' zu spüren sein oder die Empfindung auftauchen, wie sich das eigene Körperbild verschiebt, sich weitet oder es einfach nur als Schimmern vor den ge-

---

[115] Weitere *Formel-Worte* sind in anderen Veröffentlichungen oder auch auf der hinten angegebenen Webseite zu finden. Vorerst genügen die hier erwähnten. Mehr als fünf sollte man nicht benötigen.

schlossenen Augen festzustellen ist.[116] Selbst ein dunkler Schimmer ist schon eine Wahrnehmung, die sich von der Dunkelheit im Kopf ganz gering abheben kann. Egal was auch immer ‚gesehen' oder erfahren wird, es wird den Charakter von einem auch nur ganz geringem ‚Es *Strahlt*' haben, und das genügt.

Dadurch tritt eine Entspannung ein, eine Katharsis (Reinigung), ein Befreiungserleben, das besonders dadurch gesteigert werden kann, wenn gleichzeitig die besagten *Formel-Worte* rein mental geübt werden. Ich habe wie im Text oben geschildert in eigenen Erfahrungen manchmal das *Strahlt* als das ‚Meer' gesehen, dann aber nur auf das einen darüber hinaus hebende *Strahlt* geachtet und mich verstärkt auf den Wortlaut der *Formel-Worte* konzentriert. Denn sie sind es ja, die die erste Übung steuern, und zwar gerade zu einem unbestimmten *Strahlt* hin, also zu keiner Gestalt, auch nicht der eines Gottes wie es Mechthild von Magdeburg praktizierte. Es genügt die Luzidität, die Katharsis, mit der man zur zweiten Übung wechselt, in der jedes zu sehr bildwirkend Strahlendes ohnehin wieder verschwindet.

Was ich gerade eine grundlegende Luzidität, eine Erhellung genannt habe, die sich in Richtung auf ein innerlich-

---

[116] Damit sind Erfahrungen gemeint, die etwas mit atavistischen Gefühlsreaktionen zu tun hat. Die Frühmenschen haben noch viel mit ihrer unbedeckten Haut gefühlt, ertastet und umweltbezogen kommuniziert. In der *Analytischen Psychokatharsis* wird diese Erfahrung jedoch als Bestätigung einer Erkenntnis genutzt z. B. bei den *Pass-Worten*.

körperhaftes ‚Durchrieseln' verlagern kann, ist das entscheidende Wesen der Katharsis, weil dadurch die Seele sehr körpernah ‚gereinigt' wird. Die Katharsis wird nicht nur als Folge des Erlebnisses von Furcht und Mitleid in der antiken griechischen Tragödie beschrieben, sondern auch in den vielen mythisch, magisch, mystischen Praktiken, die ich erörtert habe, als erlösend, kenntnissteigernd und therapeutisch. Wie erwähnt kommt das ‚Durchrieseln' dadurch zustande, dass die verschiedenen von F. Dolto beschriebenen Körperbilder zum einheitlichen Körperbild verschmelzen.

Ich habe es oft so erlebt, als stünde man ganz, ganz leicht unter Strom wie bei einer Chill-Out-Erfahrung, die etwas mit der Lacanschen ‚Jouissance' zu tun hat, von der er schreibt, sie komme auch in jeder Form des Lebens vor. Man darf sich davon jedoch nicht dazu verleiten lassen, man sei so mit allem identisch und könne von dieser Identität aus auch wirken. Der entscheidende Schritt ist der von der Luzidität, der Katharsis zur zweiten Übung, weil diese Praxis die Theorie als real verbunden darstellt.

 Links ist nochmals ein weiteres *Formel-Wort* dargestellt. Auch dieses (RA-DIC-IT) ist kein normales Wort aus dem Lateinischen, aber es beinhaltet mehrere sich überschneidende Bedeutungen in einer Formulierung, es ist ‚linguistisch kristallin' aufgebaut, wie es Lacan vom Unbewussten sagte. Außer dem radiat und dicit (*Strahlt* und *Spricht*) ergeben sich im Kreis geschrieben und von verschiedenen Buchstaben aus gele-

sen mehrere disparate Bedeutungen. So kann man hier z. B. auch „adi cit r" (geh heran, es bewegt R) „C i tradi" (hundert I übergeben), „citra di" (diesseits die Götter), „dicit ra" (es sagt ra), „r adic it" (füge r hinzu, es geht), „radi cit" (gekratzt werden, es bewegt sich), „trad ici" (erzähle, ich habe getroffen) etc. herauslesen, wobei vieles recht unsinnig klingt. Dies hat jedoch für den formalen Ausdruck keinerlei Bedeutung. Ausschlaggebend ist nur, die wissenschaftliche Begründung (mehrere Bedeutungen in einer Formulierung, Verwendung nur anderer Schnittstellen) klar darlegen zu können, und dies ist für das Verfahren sehr wichtig, weil man nur so volles Vertrauen in die Methode haben kann.

Nach dem R-A-D-I-C-I-T kann nun auch das *Formel-Wort* O-R-S-A-C-E-R-A-M hinzugenommen werden, denn sollte jemand wirklich Interesse haben, die analytisch-psychokathartische Methode zu erlernen, sind wenigstens  drei dieser Formulierungen notwendig. Zwei oder gar nur eines würden einen zu schnell ermüden. In dem – einmal anders geschriebenen *Formel-Wort* C-E-R-A-M-O-R-S-A (Abbildung vorige Seite) stecken je nach Ausgangsbuchstaben folgende Bedeutungen: C eram orsa (hundertfach war ich Beginnen, cera morsa (das zerstückelte Wachs), mors acer (der Tod ist bitter), amor sacer (die Liebe ist heilig) usw.

Wie betont, kann man diese Bedeutungen gleich wieder vergessen. Sie sind zu disparat, also auf keinen Nenner zu bringen, und das ist wichtig, weil es nichts suggeriert. Denn übt man sie in dem einheitlichen Schriftzug, wird man niemals den bitteren Tod mit dem zerstückelten Wachs und dem hundertfachen Beginnen in einem Sinngehalt zusammenbringen. Wichtig ist nur zu verstehen, wie die *Formel-Worte* aufgebaut sind, so dass man wissenschaftlich-intellektuell das Verfahren jeder Zeit hinterfragen kann. Kommen irgendwelche Gefühle oder Ideen hoch, die unpassend sind oder Angst machen, kann man nachdenken oder sich weiter über das Verfahren belesen. Blinder Glaube ist nicht gefragt.

Bei der zweiten Übung wird nunmehr auf genau dieses *Spricht*, den Laut, das Echo des Körpers, also auf ein von oben / rechts im Kopf herkommendes Verlauten, auf einen Ton, Laut, aus dem tiefen Inneren geachtet.[117] Es sind schließlich Buchstaben, die aus diesem ‚typographischen' Raum herausklingen und die das Unbewusste dort gespeichert hält. Genau in diesen sich weitenden oder krümmenden Raum sind die *Formel-Worte* eingedrungen und haben die Buchstaben in ihrer B(r)uchstabenhaftigkeit geweckt und evoziert.[118] Auch hier wieder gilt das

---

[117] Der Ton, der wie von Lacan zitiert, den Primat des Sprechens beweist, ist seiner Auffassung nach auch wie ein Echo aus den im Körper (im Gehirn, im Unbewussten) gespeicherten Lauten zu verstehen.

[118] Oudee Dünkelsbühler, U., Zeugnis und Schrift: B(r)uchstaben an der Couch, Les Etats Généraux de la Psychanalyse (2001), worin der Autor die elementarsten Schnitt- und Bruchstellen im psychoanalytischen Prozess meint, wie sie

Gleiche: es handelt sich um einen ganz originären Aspekt des Entäußerungs- bzw. Sprechtriebes, der in jedem Menschen als Primärprozess vorhanden ist und im Unbewussten sogar die Form ganz knapper, kompakter „innerer Sätze", „ultrareduzierter Phrasen" annimmt (alles Begriffe Lacans für diese lautliche Erfahrung).

Auch hier können anfänglich nur ein feiner Laut, ein ferner Ton oder Ähnliches wahrgenommen werden können, der Übende wird jedoch von Anfang an bemerken, dass es sich hier um eine Konzentration auf ein mehr oben-rechts oder oben-zentral im Kopf befindliches Hör-Sprechsystem handelt, zu dem die Echos des Körpers Beziehung haben, auf die hier zurückgegriffen wird. Auch wenn das eigentliche Hör-Sprechsystem im Kopf linksseitig angelegt ist, ist eben rechtsseitig das mehr rudimentäre, musikalische und der Regression besser zugängliche Hör-Sprechsystem vorhanden, und seine Echostruktur deutlich zu sehen. Dazu passen dann eher die kurzen Phrasen der *Pass-Worte*, während bei den längeren das linksseitige System (psychoanalytisch: das Vorbewusste, das für die Enthüllung der Identität nicht so wichtig ist) eine Rolle spielt.

Dazu nochmals ein letztes Beispiel aus der Erfahrung eines meiner Adepten der *Analytischen Psychokatharsis*", das ich auch in einem anderen Buch bereits veröffentlich habe, und das lautete: „Das ist es nicht"! Im

---

sich im Traum, bei Versprechern und eben umgekehrt und konstruktiv beim Üben der *Formel-Worte* einstellen.

ersten Moment war dem Übenden nicht ganz klar, was das heißen soll, doch kam er später mit der Ahnung zu mir, dass es mit dem Verfahren selbst zu tun haben könnte. Ich bestätigte ihm das, denn solch ein Ausdruck erinnert sehr stark an den typischen psychoanalytischen ‚Widerstand‘, also an die Abneigung gegen das Vorgehen alles frei sagen zu müssen und gegen die Aufdeckung von zu viel verdrängter Wahrheit. „Das", meine Methode, „ist nicht das, was es sein sollte", was er sich vorgestellt hatte. „Das ist es nicht".

Diese Interpretation leuchtete ihm ein, denn nun konnte ich ihm ja erklären, dass es doch genau das war, was die *Analytische Psychokatharsis* beinhaltet, nämlich dass es überhaupt so etwas geben kann wie ein *Pass-Wort* aus dem eigenen Inneren, dass ‚Es‘ tatsächlich in einem in dieser Weise *Spricht*. Zudem konnte ich hier auf den/das *Andere(n)*, also auf Lacans ‚*L'Autre*‘ verweisen, den er den Hort der *Signifikanten*, der Sprecheinheiten, nennt. Es sind diese „wichtigen Mitmenschen", von denen Kernberg sprach, die in einem als Ich-Ideal, Über-Ich aber auch als ein „tief empathisch verstehendes Ich" verinnerlicht sind und sich zum *Anderen* vereinheitlicht haben. Zudem ist die unbewusste Wahrheit ja eben gerade nicht die übliche, allgemein kommunizierte und bewusst-bekannte Wahrheit, sondern die mit der Umkehrung, die mit der Leerstelle, die ‚anders herum‘, die ich anderswo auch einmal die frigide Partnerin auf der Suche nach der Wahrheit genannt habe, weil sie sich so ziert (ganz anders Mechthild, die nicht so zimperlich ist, aber nicht die Wahrheit also solche anstrebt, sondern den direkteren, kürzeren Weg zur Gewissheit nimmt, die auch fraglich sein kann).

Doch das mit modernen Methoden – wie etwa mit dem Ariadnefaden des R-A-D-I-C-I-T – geweckte Unbewusste filtert allzu fragwürdige und enigmatische Aussagen aus. Zudem gehört vielleicht ein wenig psychoanalytisches Wissen dazu, um solch ein Identitäts- bzw. *Pass-Wort* in den druckreifen Text zu übersetzen, was bei dem Spruch mit „Das ist es nicht" allerdings nicht allzu schwer war, denn es ging wohl um das Widerstrebende im Probanden selbst. Auch wenn jemand, wie Freud hinsichtlich einer Deutung zur konfliktbezogenen Mutter-Imago berichtete, mit empörter, affektgeladener und lauter Stimme betont: „Nein, die Mutter ist es keinesfalls"! handelt es sich höchstwahrscheinlich exakt um die Mutter. Eine zu heftige Abwehr ist in der Umkehrung die Bestätigung.

Und so ist das ablehnende „Das ist es nicht" also nichts Aberwitziges. So verblüffend eine solche gedankliche Äußerung aus dem Unbewussten auch war, sie war doch für den Probanden beeindruckend und auch zutreffend. Paradoxer, trotziger, aber auch origineller hätte ihm dies kein Therapeut vermitteln können. Nichts ist so wirksam wie das aus dem eigenen Inneren kommende *Pass-* oder Identitäts-*Wort*, das er sich – über einen unbewussten Umweg – ja selber gegeben hatte. Übertragung und Auflösung der Übertragung stehen hier ganz eng beieinander oder passieren im fast gleichen Moment. Wer irgend sonst ihm geraten hätte, er solle das Verfahren doch weitermachen, hätte ein ‚ja danke‘ aber nicht mehr bei ihm bewirkt. Doch die fast paradoxe Formulierung bezüglich des Umkehrsatzes weckte das Interesse viel ausgiebiger, und so übte er mit der Methode der *Analytischen Psychokatharsis* auch weiterhin.

In der ersten Übung existiert nur ein Schein, ein Es *Strahlt*, ein ‚Durchrieseln‘ im Körperbild (vielleicht nicht ein Erschauern wie Moses es wohl bei der Erscheinung beim brennenden Dornbusch erlebt hat, aber ein ‚Durchschauern‘ im Körperbild, in dessen zusammengeschlossener Mehrschichtigkeit). Ich habe es anderswo als Ausdruck des weiblichen Über-Ichs und ‚Vision‘ beschrieben. Das verneinend Paradoxe – sage ich jetzt nachträglich – hat meinen Probanden zu dieser Erkenntnis und Einsicht geholfen, daran hätte er als Vertreter der alltäglichen Meinung, dass die Psychoanalyse oder die *Analytische Psychokatharsis* ziemlicher Humbug ist, nicht gedacht.

In diesem Ausdruck, im *Pass-Wort*, besteht das Wesentliche des analytischen Teils des Verfahrens, auch wenn man das *Pass-Wort* manchmal zusätzlich deuten muss. Die erste Übung bezieht sich dagegen mehr auf das Meditative, ‚Ikonische‘. Einige Anwender der *Analytischen Psychokatharsis* begnügen sich mit diesem ersten Teil der Methode. Sie wollen die Katharsis in einer gesicherten und wissenschaftlich begründeten Weise erfahren, mehr nicht. Jeder kann es handhaben, wie er will. Um neurotische Konflikte zu beseitigen, muss man allerdings auch die zweite Übung dazu nehmen, die auf der ersten aufbaut, aber eben im Ton- und Gedankenhören besteht.

Wenn man sich über Psychoanalyse etwas beliest und auch sonst Kontakt zu literarischer und wissenschaftlicher und sonstiger Kultur hält, und auch den vorliegenden Text gelesen hat, einen Versuch mit den Übungen gemacht hat, kurz: ein bisschen Bildungsbürger ist, wird man die oft sofort einsehbaren *Pass-Worte* richtig deuten. So schreibt Freud, dass man sogar manche Träume, die ja nun viel entstellter sind als die *Pass-Worte*, und die in solch einem Fall auch unmittelbar vom Symbolisch-Realen herkommen, direkt vom „Blatt weg ablesen" könnte. Man braucht nicht mehr den Träumer nach Einfällen dazu zu befragen und umständliche Interpretationen anzubringen und so, unmittelbar, wirken auch die *Pass-Worte*.

Und noch ein letzter Hinweis, nach dem oft gefragt wird. Bemerkt man bei der Anwendung der *Analytischen Psychokatharsis*, dass der *Strahlt*-Anteil beim Üben zu stark ausfällt, wechselt man zur *Spricht*-Übung und umgekehrt. Ansonsten sind beide Übungen jeweils nur für etwa zwanzig Minuten durchzuführen. Der Wechsel von praktischer Erfahrung und theoretischem Denken ist wichtig, weil am Ende etwas Gemeinsames herauskommen wird: eine gedankliche Selbsterfahrung, eine praktische Logik, eine kathartische Analyse. Letztendlich finden beide Übungen zu einem inneren ‚Auftrag', einer Gewissheit von dem, was die Identitäts-Formel des Subjekts bedeutet, zusammen und so auch zur Möglichkeit am Verfahren auch weiter entwickelnd mitwirken zu können.

Andererseits habe ich bereits beschrieben, dass man manchmal nicht nur in Gedanken vom meditativen Vorgang abweicht. Manchmal weicht man sogar zwischen den einzelnen *Formel-Worten* zu Bildern, Erinnerungen, zu einem Gemisch von beiden und zu *Pass-Worten* ab, und kehrt doch wieder zum *Formel-Wort*-Reverberieren zurück. Der Fortgeschrittene wird dies durchaus als bereichernd erfahren, denn er lässt sich nicht in eine einseitige Textur-, *Strahlt-* oder Text-, *Spricht*-Richtung verführen, sondern bleibt beim Fortschreiten in der engen Kombination der beiden Grundtriebe, Grundprinzipien, des Spiegel- und Echodiskurses, des Bild-Wort-Wirkenden.

Literaturverzeichnis

Appleton, T., Warum verschwanden die Neandertaler, Heyne (1999)

Baggini, J., Ich denke, also will ich, dtv (2016)

Barkhaus, A., Mayer, M., Identität, Leiblichkeit, Normativität, Suhrkamp (1996)

Bauriedl, T., Beziehungsanalyse, Suhrkamp (1993)

Benthien, C., Wulf, Ch., Körperteile, Rowohlt (2001)

Bezzel, C., Wittgenstein, Junius (1996)

Brenman, E., Vom Wiederfinden des guten Objekts, frommann-holzboog (2014)

Breuer, R., Immer Ärger mit dem Urknall, Rowohlt (1993)

Bischof, M., Biophotonen, Zweitausendeins (1995)

Brockman, J., Vogel, S., Wie funktioniert die Welt?, Fischer Taschenbuch (2013)

Byung-Chul Han, Die Austreibung des Anderen, Fischer Wissenschaft (201)

Byung-Chul Han, Die Errettung des Schönen, Fischer Wissenschaft (201)

Camus, A., Der Mensch in der Revolte, Rowohlt (1997)

Camus, A., Der Mythos des Sisyphos, Rowohlt (2000)

Carnap, R., Einführung in die Philosophie der Naturwissenschaft (1969)

Damasio, A. R., Descartes` Irrtum, dtv (1997)

Davies, P., Gott und die moderne Physik, Bert. M. (1986)

Eccles, J. C., Gehirn und Seele, Piper (1987)

Eichmeier, J., Höfer, O., Endogene Bildmuster, U&S – Verlag (1974)

Eribon, D., Rückkehr nach Reims, ed suhrkamp (2016)

Fischer-Lichte, E., Performativität: Eine Einführung, transcript (2012)

Fölsing, A., Albert Einstein, Suhrkamp (1995)

Freud, S., Studienausgabe, Fischer (1989)

Goel, B. S. Meditation und Psychoanalyse, Ariston (1989)

Görz, G., Einführung in die Künstliche Intelligenz, Addison-Wesley (1996)

Goldman, L. R., The Anthropology of Cannibalism, B&G (1999)

Heidegger, M., Unterwegs zur Sprache, G. Neske (1959)

Hilbrecht, H., Meditation und Gehirn, Schattauer (2010)

Hofstadter, D., Die Fargonauten, Klett-Cotta (1996)

Hofstadter, D., Die Analogie, Klett-Cotta (2014)

Horgan, J., An den Grenzen des Wissens, Luchterhand (1997)

Jacobs, A., Schrott, R., Gehirn und Gedicht, Hanser (2011

Jakobson, R., Semiotik, Suhrkamp (1988)

Jakobson, R., On Language, Harvard University Press (1995)

Jung. C. G., Gesammelte Werke, Walter (1983)

Kant, I., Kritik der reinen Vernunft, Reclam (1966)

Kant, I., Kritik der praktischen Vernunft, Suhrkamp (1974)

Kluge, F., Etymologisches Wörterbuch, W. de Gruyter (1989)

Köhler-Weisker, A., Gespräche unter dem Mopanebaum, Psychosozial-Verlag (2015)

Lacan, J., Schriften I - III, Walter, (1975)

Lacan, J., Seminare I,I, VII, XI, XX, Quadriga (1980-1995)

Lacan, J., Seminaire Nr. III, Iv, VIII, XVII, Edition Seuil (1981-1994)

Lacan, J., Die Bildungen des Unbewussten, Turia & Kant (2006)

Lacan, J., Mitschriften der Seminare VI,IX,X,XII,XV, B.R.L.F., Strasbourg

Laplanche, J., Pontalis, J. B., Das Vokabular Der Psychoanalyse, Suhrkamp (1989)

Leakey, R., Die ersten Spuren, Goldmann (1999)

Linke, D., Kunst und Gehirn, Rowohlt (2001)

Maar, C., Pöppel, E., Christaller, T., Die Technik auf dem Weg zur Seele, Rowohlt (1996)

Merleau-Ponty, M., Das Sichtbare und das Unsichtbare, Fink Verlag (1994)

Morgenthaler, F., Gespräche am sterbenden Fluß, Fischer (1986)

Pinker, S., Der Sprachinstinkt, Kindler (1996)

Plato, Sämtliche Werke, Insel Verlag (1991)

Popper, K. R., Eccles, J. C., Das Ich und sein Gehirn, Piper (1989)

Potthoff, P., Die Begegnung der Subjekte, Psychosozial-Verlag (2014)

Radisch, I, Camus, Rowohlt (2013)

Roazen, D., Der innere Sinn, Archäologie eines Gefühls, Fischer (2012)

Roheim, G., Die Panik der Götter, Kindler (1975)

Rosset, C., Das Reale in seiner Einzigartigkeit, Merve (2000)

Rüdinger, D., Perrez, M., Anthropologische Aspekte der Psychologie, O. Müller (1979)

Rudgley, R., Abenteuer Steinzeit, Kremaye & Scheriau (2001)

Schmidt-Hellerau, C., Lebenstrieb & Todestrieb, Libido & Lethe, Verlag Intern. Psychoanalyse (1995)

Schmitz, R. W., Thissen, J., Neandertal, Spectrum (2000)

Searle, J. R., Geist, Hirn und Wissenschaft, Suhrkamp (1992)

Seidler, G. H., Der Blick des Anderen, Verlag Intern, Psychoanalyse (1995)

Sinz, R., Gehirn und Gedächtnis, Fischer Utb (1981)

Sloterdijk, P., Du musst dein Leben ändern, Suhrkamp (2009)

Spielrein, S., Sämtliche Schriften, Kore (1987)

Strowik, E., Sprechende Körper, Fink-Verlag (2009)

Sunday, P. R., Divine Hunger, Cambr. Univ. Press (1986) Thompson, R. F., Das Gehirn, Spectrum (1994)

Thorne, K. S., Gekrümmter Raum und Verbogene Zeit, Knaur (1996)

Tipler, F. J., Über die Omegapunkttheorie, Piper (1994)

Uexküll, Th., Fuchs, M., Subjektive Anatomie, Schattauer (1994)

Weiss, Der Andere in der Übertragung, Frommann-Holzboog, (1988)

Weizsäcker, C. F. von, Die Einheit der Natur, dtv (1995)

Weinberg, S., Der Traum von der Einheit des Universums, Bertelsmann (1993)

Weizenbaum, J., Die Macht der Computer, Stw (1977)

Wiener, O., Probleme der Künstlichen Intelligenz, Merve (1990)

Wilhelm, R., Informatik, C.H.Beck (1996)

Wilson, E. O., Der Wert der Vielfalt, Piper (1999)

Wolf, F. A., Die Physik der Träume, Byblos (1996)

Wygotski, L.S., Denken und 'Sprechen', Fischer (1981)

Weitere Bücher des Autors aus dem MCS-Verlag

Analytische Psychokatharsis
Psychoanalytische Theorie und kathartische Meditation können nicht einfach ineinander überführt werden. Setzt man beide Verfahren aber durch ein entscheidendes Element (einen „linguistischen Kristall") in Beziehung, lässt sich ein eigenes neues Verfahren begründen. Die Psychoanalyse und die meditativen Methoden werden diskutiert, und die Praxis des eigenen Verfahrens wird ausführlich beschrieben.

SIGNIFIKANT Gott?
Schon die unterschiedliche Groß- Kleinschreibung provoziert, dass der SIGNIFIKANT (Bezeichner, Bedeutender), ein Begriff aus der Linguistik, wichtiger sein könnte, als die altehrwürdige Vokabel Gott. Der Autor zeigt, dass Jesus ein Vorläufer der modernen Psychotherapie war und somit sein Vorgehen auch für die heutige Psychoanalyse genutzt werden kann.

Der Andere des Wortes und das Andere der Sterne verweist auf die Doppelstruktur des Unbewussten. Doch wie bringt man diese beiden in eine geeignete Kombination, so dass sie sich für ein psychoanalytisch - meditatives Verfahren eignen, das jeder Einzelne für sich selbst erlernen kann. Über Physik, Theologie, Kognition und andere Wissenschaften liefert das Buch eine Anleitung

Yoga und Psychoanalyse

An Hand einer wissenschaftlichen Biographie des Religionswissenschaftlers und Yogalehrers Kirpal Singh (Surat Shand Yoga) werden alle Yogaformen von der Seite der Psychoanalyse her betrachtet. Es ergibt sich die Notwendigkeit ein eigenes Verfahren zu begründen, das der Autor auch *Analytische Psychokatharsis* nennt. Zahlreiche Bilder und Schemata machen das Buch anschaulich.

Verinnerlicht Euch ! Die klassische Methode der Analyse des Unbewussten stellt eine zu theoretische Revolte des Selbst dar. Um in der Praxis Erfolg zu haben bedarf es eines direkteren selbstanalytischen Verfahrens, das jeder aus sich selbst heraus entwickeln kann. Formulierungen, die in einem einzigen Schriftzug mehrere Bedeutungen enthalten, können das Unbewusste jedes Einzelnen durch mentales Üben aufbrechen und zu sich selbst befreien.

,teetrunken' Ausgangspunkt des Buches stellt die Lehre des Psychoanalytikers O. Graf Wittgenstein dar, der davon ausging, dass der Mensch in sich drei Teile birgt, die er nur verschiedentlich zu einer Einheit bzw. einheitlichen Persönlichkeit verbinden kann. Die letztliche und ideale Einheit nennt er den 'Trialog'. Anhand der Schilderung mehrerer Bergbesteigungen durchstreift der Autor alle möglichen kulturellen und psychologischen Fragestellungen, um im Endeffekt den 'Trialog' durch das Wandern, Meditieren und intellektuelle Verarbeiten zu erreichen.

Liste anderer Werke des Autors im MCS-Verlag

Herz-Sprache, Eine Psychoanalyse des Herzens

Politik / Therapie, Begreifen, was man schon weiß - wie Politik therapeutisch zu denken wäre

Das autochthone Genießen, Essays zu einem neuen selbstanalytischen Verfahren

Zweimal den Tod überlisten, Ein Traktat zu Sisyphos, wie man das Streben heute meistert

Siddharthas Wiederkehr, Ein wissenschaftlicher Roman – eine Anregung zur Selbstanalyse

Nach Lacan, Über Physik, Psychoanalyse und die Metapher des Genießens – eine Selbstpraxis

interhot, Gespräche mit dem Unbewussten

Das Gerade und das Gekrümmte, Die Behandlung einer Psychose

Die Mathematik des Eros, Die ‚perfektoiden Räume‘ des Unbewussten – eine Selbstpraxis

Die körperlich kranke Seele, Eine Broschüre zu Theorie und Praxis der *Analytischen Psychokatharsis*

Psychoanalyse / Meditation, Vergleich und Anleitung

Jesus und die Frauen, Wege von damals und heute zur selbstanalytischen Praxis

Nachts im Notdienst fahren, ärztliche und psychologische Reflexionen